코칭 플래너

Coaching Planner

세상에 하나뿐인 나에게

기대된다.
올해의 나.
새 판은 시작됐다.

To the one and only me

in the world

만든 코치들

고수경　사람과 조직의 성장을 존재의 변화에서 찾는 코치이자 교육자다. 비즈니스와 공공조직 현장에서 CEO와 리더들을 코칭하며 성과의 뿌리는 결국 사람에 있다는 사실을 깊이 확인해 왔다. 작은 행동을 고치는 것을 넘어 존재의 자리를 바꾸는 코칭이야말로 지속 가능한 변화를 만든다고 믿는다. 4,000시간 넘는 현장 경험은 '사람이 자신의 본래 가능성을 회복하는 순간'에 성장이 살아난다는 진리를 전하고 있다. 관계와 배움 속에서 사람이 자란다는 확신을 품고 이번 프로젝트에 참여했으며, 내 안의 변화가 주위를 비추는 첫 빛이 되길 바라는 마음을 담았다.

(주)한국경영코칭연구원 원장, (주)수토피아HR컨설팅 상임이사·수석 교수진, 한국코치협회 인증코치 KPC 및 인증 심사위원, 법무법인 채운 자문위원, 부산고등·지방법원 법정 통역인
저서 「그림으로 배우는 스탠다드 코칭」

신영준　'일은 결국 사람이 한다'는 믿음을 중심에 두고 걸어온 리더다. 30년 가까이 대기업에서 개발과 생산을 거쳐 사업부장과 CTO를 맡으며 늘 새로운 도전을 이어왔다. 모든 것을 쏟아 성과를 만들기도 하고 그 모든 노력이 한순간에 무시되기도 했던 경험 속에서 코칭의 세계로 들어섰다. 만난 이가 짊어진 도전과 좌절의 무게를 함께하는 삶을 꿈꾼다. 성과의 바탕에 언제나 사람이 있었다는 단순하면서도 본질적인 진리를 깨닫고, AI가 지식과 경험을 대신하는 시대에 고유한 나를 돌아볼 수 있는 길을 비추고 있다.

서울대학교 공과대학 공업화학과 학사·석사, 미국 텍사스대학교 오스틴(University of Texas at Austin) 재료공학 박사, LG 에너지솔루션 CTO 부사장(개발·기술·생산·상품기획·ESS전지 사업부장 역임), 한국스마트그리드협회 부회장, 자동차공학회 부회장 가천대학교 화학생명배터리공학부 석좌교수, 공학한림원 준회원, 한국코치협회 KPC, 갤럽 강점 코치

저서. 공저 『겨울에 떠나는 산티아고 순례길』,『리더가 되기 전에 알았으면 좋았을 것들(2025년 11월말 출간 예정)』,『진정한 나와 마주하는 시간, 코칭』

신용원 __ '작은 일에도 정성을 다하면 세상을 바꿀 수 있다'는 중용의 정신을 실천하고 있다. 미국 갤럽 인증 강점코치, 국제코칭연맹 PCC, 한국코칭협회 KPC를 보유하며 강점 기반 리더십 코칭과 멘토링·자문을 통해 리더와 조직의 성장을 돕고 있다. 사랑했던 첫 회사가 무너지는 경험을 계기로 지속 가능한 조직의 비결을 찾고자 오랫동안 다국적 기업에서 배움을 쌓았다. 그 배움은 사람과 조직의 강점을 발견하고 이어주는 코칭 철학으로 자리 잡았다. 하루의 작은 변화가 성장의 계단이 된다는 마음으로 이번 작업에 임했다.

경영자문회사 Smallchange Partners 대표·수석코치, Elekta Korea 대표, Head, Surgical Business, Alcon Korea(a Novartis company), Global Value 커머셜 총괄 GM, Global DGS, GE Healthcare, APAC X-ray 사업 총괄 GM, GE Healthcare

오채원 __ 동양철학과 인문콘텐츠 연구를 기반으로 삶과 조직의 변화를 탐구하는 기획자이자 교육자다. 지역문화와 인문학을 잇는 다양한 프로젝트를 통해 인문학의 사회적 역할을 모색해 왔다. 현학적 인문학에 머무르지 않고 인문학이 실제 삶을 변화시킬 수 있는가를 묻는 일을 평생의 꿈으로 삼는다. 사람들의 내면을 채우기 위해 공부를 지속하는 지식노동자의 숙명을 기쁘게 받아들이며 인문적 삶을 살아가는 이들이 더 많아지길 바란다. 인문학이 삶을 움직일 때 비로소 지식이 숨을 쉰다고 믿으며 이번 집필을 통해 그러한 변화를 큰 보람으로 바라보고 있다.

성균관대학교 외래교수, 성균유학·동양철학연구원 선임연구원 철학 박사, 경희대학교 외래교수, 세종대왕의 리더십을 전하는 인문학자·세종이야기꾼, 미국 갤럽 인증 강점코치·강점 앰배서더, 한국코칭협회 인증 KPC 코치, 비즈니스·커리어·책쓰기 코치, 전 부천문화재단 이사

저서 『안녕 아빠』, 『학고재, 2020』

유덕종 __ 대졸 신입 프로그램과 엔지니어 육성체계 구축, 불꽃축제와 봄의 교향악축제 후원 확대, 대북 지원 사업 등 다양한 프로젝트를 이끌어 왔다. 사회적협동조합 별사탕학교 사무총장으로 디지털 교육과 생애전환기 프로그램을 운영하며 시니어 1,000명의 재도약을 목표로 하고 있다. 한국형 팀코칭 개발에 힘을 쏟으며 임원과 리더 코칭 경험을 바탕으로 다음 세대 리더의 성장을 돕고 있다. 사람과 조직의 변화는 작은 실천에서 시작되며 그 변화가 오래가면 한 사람의 삶과 한 조직의 미래를 바꿀 수 있다고 믿는다. '성과보다 사람을 먼저 두는 태도'가 가장 단단한 성장의 바탕이라는 마음으로 이번 프로젝트에 임했다.

한화그룹 홍보팀 홍보기획 팀장(사회공헌·대북사업 겸직), 전 코엑스 아쿠아리움 대표이사, 사회적협동조합 별사탕학교 사무총장, 중부대학교 학생성장교양학부 겸임교수, 루카스경영컨설팅 대표 컨설턴트, CL컨설팅 대표코치, 한국코치협회 전문코치 KPC, 한국코칭경영원 Business Coach, 미국 갤럽 강점코치, 미국 Masterful Business 코치
저서. 공저 『책방에 나온 사보』, 『백수 기살리기』, 『문화마케팅 컬처텔링』, 『한국의 대표 생태 관광지』, 『진정한 나와 마주하는 시간, 코칭』

윤이준 __ 사람은 관계 속에서 자란다는 믿음을 바탕으로 개인 안의 가능성을 이끄는 일에 힘써왔다. 국제코치연맹 PCC, 한국코치협회 KPC, 갤럽 강점코치로 활동하며 사람의 가능성을 끝까지 믿는다. 개인의 변화는 자신을 이해하는 작은 통찰에서 시작되고, 그 움직임이 오래가면 한 사람의 삶과 공동체의 미래까지 달라진다고 생각한다. '성과보다 사람을 먼저 둔다'는 마음으로 이번 프로젝트에 함께했다.

대한법률구조공단 법문화교육센터장·고객지원부장, 다문화가족·북한이탈주민의 한국사회 정착을 위한 가

족법 강의, 청소년·농어민·시민 대상 주택임대차·상속 등 법률교육 및 상담, 국제코치연맹 PCC, 한국코치협회 KPC, 갤럽 강점코치, 슈퍼바이저

이상훈 __ 팀의 내적 동력을 전략적으로 활성화해 성과로 전환하는 팀 코칭 전문가다. 제조·서비스·공공 등 다양한 조직을 대상으로 다층적 진단을 수행하며 팀 실행력과 조직문화를 개선해 왔다. 변화가 조직의 일하는 방식으로 자리 잡도록 돕고, 사례와 데이터를 통해 지속 가능한 성장을 지원하고 있다. 변화를 설계하고 실행하는 힘을 기르며 '진정한 변화는 사람 안의 작은 동기에서 시작된다'는 믿음으로 코칭을 이어가고 있다.

씨엘컨설팅(주) 대표, 한국코치협회 KPC, 갤럽 강점 앰배서더, 레고 시리어스플레이 인증코치, 전 TNF Leaders 산업전문가그룹 파트장, 전 (주)이츠에듀 부대표

저서, 공저 『팀 메타모포시스』, 『TMS』, 『팀을 바꾸는 작고 사소한 변화의 힘』, 『진정한 나와 마주하는 시간, 코칭』

서진 __ 프랭클린플래너 카페 대표 운영자로 활약하며 출판인으로 성장했다. 플래너를 평생의 동반자로 삼아 자기계발 분야를 탐독하며 에디터·윤문·기획·마케팅·경영자 경력을 동시에 길러왔다. 세계 최초로 ChatGPT가 저자로 등록해 AI 기능만으로 출간된 『삶의 목적을 찾는 45가지 방법』의 인간 기획자. 존재의 빛이 내면에서 깨어난 후 자기 수행을 책 만드는 일로 삼고 있다. 현재 스노우폭스북스의 『세기의 책들 20선 - 천년의 지혜 시리즈』를 기획하고 단독 편저자로 집필 중이다.

250여 종의 국내 도서 기획, 22년간 국내외 정치·경제·사회 명사들과 출간, 50여 종 이상 5만 부~100만 부 판매

서문

어떤 모습이기를 바라는가.

겉으로 보이는 목표를 향해 바쁘게 살다 보면 어느 날 문득 진짜 내가 원하는 것,
원하는 그 삶과 일치된 인생을 잘 살고 있는지에 대한 근본적인 의문이 들 때가 있습니다.
때때로 이 의문 앞에서 혼란스러움을 느낍니다.
정작 중요한 '나 자신'을 돌아볼 시간을 갖지 못하고 진정한 성장과 내면의 만족감으로부터 멀어진 채 공허함을 느낄 때도 있습니다.

우리는 삶이, 해야 할 일을 하는 것 이상의 의미를 갖기를 갈망하며 내면의 무한한 가능성을 펼쳐 보고 싶은 열망을 품고 살고 있습니다.
이 열망은 내가 되고 싶은 모습, 어떤 존재로 살기 원하는지에 대한 질문으로 이어집니다.
그 질문은 목표나 외적인 성공을 넘어 삶이 어떤 가치와 의미로 채워지기를 바라는가에 대한 물음이며, 그때부터 진짜 성찰이 시작됩니다.

이러한 자기 성찰은 현재의 나를 넘어 미래의 나를 그려보고 그 존재에 다가가기 위한 내면의 변화로 이어집니다.
그것이 진정한 성장의 시작입니다.

'코칭 다이어리'는 내 안에 잠든 잠재력을 깨우고 스스로 답을 찾아가도록 돕는 책입니다.
기록과 계획 그리고 코칭의 힘은 나 스스로 변화를 경험하게 할 것입니다.

삶의 주도권을 다시 나에게 돌려주는 순간,
이 다이어리는 진정한 성장의 동반자가 될 것입니다.

코칭, 삶의 변혁을 위한 도구

코칭은 문제 해결이나 목표 달성을 위한 방법을 넘어섭니다.
그것은 개인 안에 잠든 잠재력을 발견하고 온전히 발현하도록 돕는 전인적 여정입니다.
코칭은 각자의 강점과 가치를 탐색하게 하며 스스로 통찰을 얻고 주체적인 삶의 방향을
세울 수 있게 합니다. 이 과정에서 삶은 더욱 풍요롭고 의미 있게 가꿔지며 내면의 성장은
삶의 깊이를 한층 더합니다.
코칭은 삶의 모든 영역에서 더 균형 있고 온전한 '나'로 나아가게 하는 성장의 길입니다.
하지만 코칭은 주로 일대일 대면 형태로 진행되어 시간과 공간의 제약이 따랐습니다.
코칭 플래너는 그 한계를 넘어, 코칭의 본질과 가치를 더 많은 이들에게 전하기 위한
사명으로 탄생했습니다.
이 책은 언제든 손안에서 펼쳐, 스스로 성장의 코칭을 경험할 수 있도록 설계되었습니다.

"

무엇을 할 것인가 Doing를 넘어,
어떤 존재로 살아갈 것인가 Being에 관한 여정.

나는 누구입니까?
어떤 존재로 살고 싶습니까.
그래서 어떻게 살아가시겠습니까.

Coaching Planner

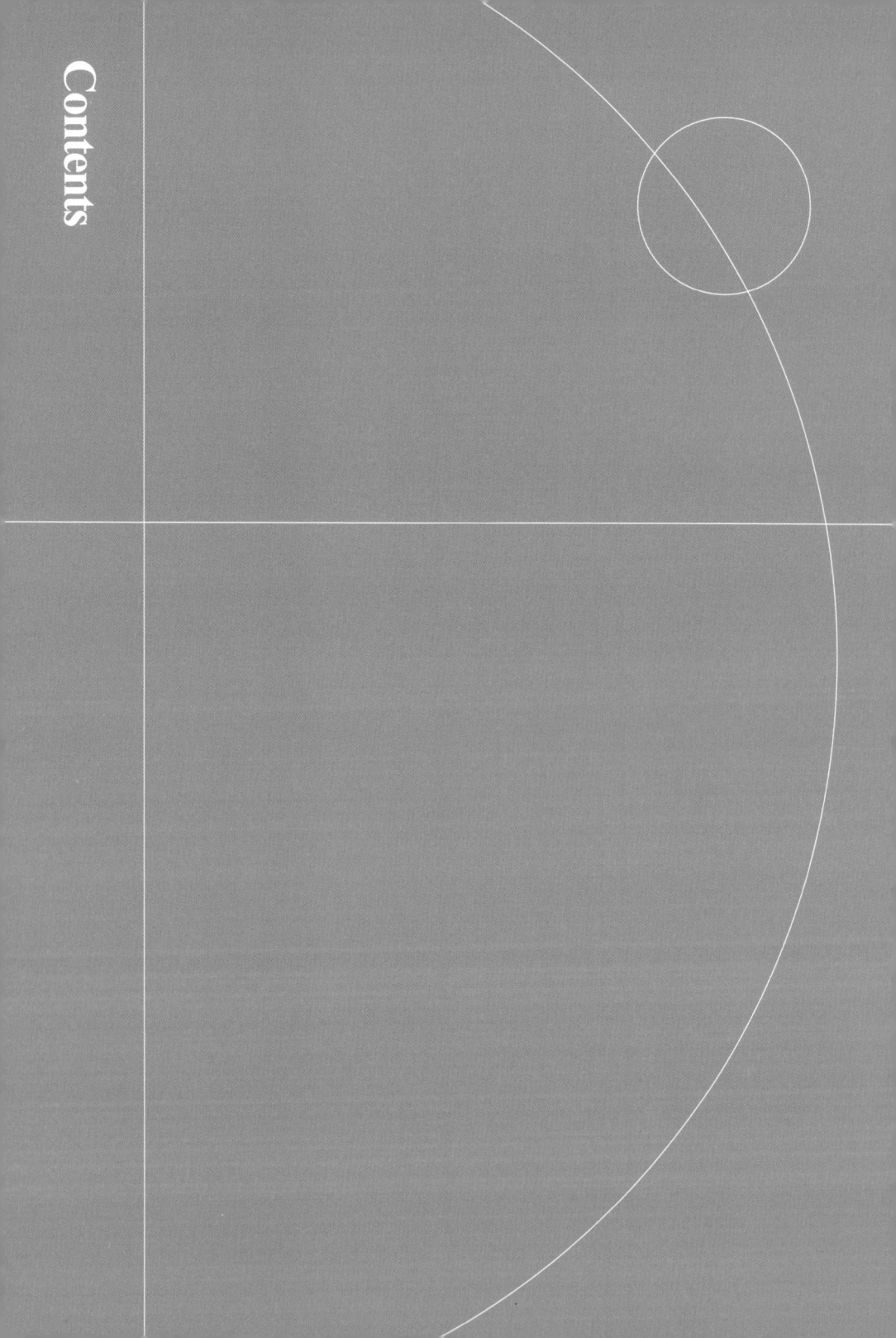

Contents

만든 코치들		04

서문		08

I. 자기 성찰 워크숍	Module 1. 존재	19
	Module 2. 인정과 공감	36
	Module 3. 실행계획	51

II. 코칭 플래너	첫 번째 주	67
	두 번째 주	87
	세 번째 주	107
	네 번째 주	127
	다섯 번째 주	149
	여섯 번째 주	169
	일곱 번째 주	189
	여덟 번째 주	209
	아홉 번째 주	229

III. 60일의 마무리		249

IV. 코칭 플래너	~ 쉰두 번째 주	555

맺는 글		562

Doing을 넘어 Being으로

어떤 사람으로 살아갈 것인가?

눈에 보이는 업적을 쌓는 일에 한정된 삶이 아닌, 나의 내면을 탐구하고 진정한 자아를 발견하는 여정. 그 과정을 통해 삶의 의미와 가치를 새롭게 정립하는 일. 충만함과 깊이 있는 삶. 코칭은 언어의 힘으로 이러한 변화를 이끌어냅니다. 부정적 언어를 줄이고 긍정적 표현으로 사고를 전환할 때 의식은 스스로 변화를 만들어 냅니다. '나', '인식', '존재 변화', '인정', '성장'이라는 키워드를 중심으로 자신의 '존재'에 집중할 수 있도록 이끕니다.

존재를 지탱하는 기반- 체력

건강한 몸은 건강한 정신의 필수 토대입니다. 존재의 변화 역시 이 기반 위에서 시작됩니다. 운동은 단순한 활동을 넘어 나를 돌보고 일상의 활력을 유지하는 하나의 루틴입니다. 규칙적인 운동과 균형 잡힌 식사, 충분한 휴식은 신체의 건강뿐 아니라 정신의 안정에도 깊은 영향을 줍니다.

체력은 내가 추구하는 '존재'를 지탱하는 근원입니다. 이 책의 '체력·마음 건강 챙겨보기' 항목은 일상에서 몸과 마음을 점검하고 관리할 수 있도록 도울 것입니다.

내면의 평화를 위한 길 - 정서관리

복잡한 감정을 인식하고 다루는 일은 내면의 평화를 회복하는 핵심 과정입니다. 정서적 안정과 회복 탄력성은 존재의 변화를 이루는 여정에서 어려움을 넘어설 수 있게 하는 힘이 됩니다.

긍정적인 감정을 유지하고 자신을 인정하는 과정은 내면의 평화를 가져오며 더 성숙하고 온전한 존재로 나아가도록 돕습니다.

스스로 칭찬(자기 인정과 존재 변화), 감정 일기, 강점 일기, 나무 비유 활동을 통해 자신의 정서를 관리하고 긍정적인 자기 인식을 형성할 수 있습니다.

루틴의 힘 - 지속 가능한 변화를 위한 엔진

앞서 언급한 Being, 체력 관리, 정서 관리를 일상의 루틴으로 통합하는 일은 지속 가능한 변화를 위한 강력한 기반입니다. 매일의 작은 실천이 쌓여 결국 큰 존재의 변화를 만들어 냅니다. Power Line과 같은 성찰 도구는 스스로를 꾸준히 돌아보게 하고 성장을 습관으로 만드는 효과적인 루틴이 됩니다.

이 책은 매일 기록할 수 있는 다이어리 코너와 Power Line을 함께 구성해 독자가 일상 속에서 루틴을 형성하고 지속적인 성장을 이룰 수 있도록 설계되었습니다.

긍정적인 감정을 유지하고 자신을 인정하며 성장하는 과정은 내면의 평화를 가져올 뿐 아니라 더 성숙하고 온전한 존재로 나아가도록 돕습니다.

나의 변혁적 여정

나는 어떤 사람이 되고 싶은가,
어떤 사람으로 살아가고 싶은가.

이 질문은 목표를 세우고 이루는 것을 넘어, 어떤 '존재'로 성장할 것인가에 대한 답을 찾도록 이끕니다. 코칭 다이어리는 성장을 돕는 도구이자, 시간과 공간의 한계를 넘어 긍정적인 변화와 의미를 발견하도록 설계되었습니다.
이 책의 여러 활동은 자신의 현재 상태를 객관적으로 인식하도록 돕습니다. 주 단위 실행 확인 시트를 통해 실천의 과정을 점검하고 균형 있게 조정할 수 있습니다.

또한,
'어떻게 되었나요?'
'무엇을 하셨나요?'
'어떻게 바뀌었나요?'
'어떤 성장이 있었나요?'와 같은 주·월간 확인 질문은 자신의 변화를 꾸준히 돌아보고 성장의 과정을 시각적으로 확인하도록 이끕니다. 이 구성의 목적은 개인이 스스로, 자신만의 속도로, 꾸준히 성장의 길을 걸어가도록 돕는 데 있습니다.

User's Guide

이 책은 세상에 하나뿐인 나의 마음과 생각을 담는 공간입니다.
자신에게 맞는 방식과 속도로 편안하게 시작하세요.
나도, 이 책도 함께 성장합니다.

Section 1. 자기 성찰 워크숍을 먼저 펼쳐도 좋고,
Section 2. 코칭 플래너부터 매일 써도 괜찮습니다.
Section 3. 은 코치와 함께, 개인 혹은 그룹 코칭 시간에 활용할 수 있습니다.

매일 한 줄이라도 기록해 보세요.
오늘의 생각이나 감정, 감사한 일 한 가지만 적어도 충분합니다.
모든 칸을 다 채우지 않아도 괜찮습니다.
비워둔 공간은 나중에 채워도 됩니다.
나만의 방식으로 꾸며보세요.
스티커나 그림 등으로 빈 공간을 자유롭게 채우며
이 책을 나만의 아지트로 만들어 보세요.

이전에 쓴 내용을 다시 읽으며 마음의 변화를 느껴보세요.
고민이나 걱정, 이루고 싶은 일이 생기면 기록해 두세요.
글로 표현해 보세요.
마음에 드는 내용은 형광펜 등으로 표시해 두세요.
눈에 잘 띄게 표시해 두면 쉽게 찾을 수 있습니다.
완벽하게 쓰는 것보다 꾸준히 자신을 돌아보는 경험이 더 소중합니다.

Section 1

자기 성찰
워크숍

Coaching Planner

Module.01　존재

자기 성찰의 여정에서 가장 먼저 마주해야 할 질문은 '나는 누구인가?'입니다. 우리는 수많은 역할과 책임 속에서 때로는 진짜 '나'를 잊고 살아갑니다. 이 '존재' 파트는 그런 나 자신을 다시 만나기 위한 공간입니다. 겉으로 드러난 역할 뒤에 숨겨진 진정한 나를 발견하도록 돕습니다. 이 질문은 삶의 의미와 방향을 새롭게 정립하게 하고, 외부의 시선이 아닌 나 자신의 기준으로 인생의 가치를 찾아가게 합니다.

현대 사회는 끊임없이 '무엇을 해내라(Doing)'고 요구합니다. 그러나 진정한 변화는 결과나 성과가 아니라, 내면을 성찰하고 가치관을 세우는 데서 비롯됩니다. 그 과정 속에서 우리는 외적인 성공을 넘어 진정한 만족과 행복에 다가갑니다. 따라서 삶을 주체적으로 이끌어 가는 힘은 '나는 어떤 사람인가'라는 질문에서 비롯됩니다. 그 질문이야말로 지속 가능한 성장을 이끄는 핵심 동력이자 변화의 첫걸음입니다.

나의 강점과 약점, 핵심 가치, 잠재의식 속 신념을 인식할 때 삶의 방향은 명확하게 드러납니다. 길을 잃었을 때 나침반을 찾는 일과 같습니다. 외부의 기대나 사회적 기준에 휩쓸리지 않고 타인의 시선이나 세상의 통념에 머물지 않습니다. 이 파트는 나만의 고유한 가치와 열망을 발견하고 바로 그 자리에서 삶의 목적을 세워가도록 안내합니다.

체력 관리는 질병 예방을 넘어 적극적으로 삶에 임할 수 있게 하는 힘입니다. 규칙적인 운동, 균형 잡힌 식사, 충분한 휴식은 신체의 활력을 채우고, 긍정적인 사고와 회복탄력성을 높입니다.
체계적인 체력 관리 루틴을 통해 자신의 존재를 단단히 세우고 변화의 여정을 힘 있게 이어가게 합니다. 또한 복잡한 감정을 인식하고 건강하게 다루는 일은 내면의 평화를 위한 핵심입니다. 정서 관리는 감정을 억누르거나 폭발시키는 일이 아니라 있는 그대로 인정하고 이해하는 데서 시작됩니다.

정서적 안정과 회복탄력성은 삶의 어려움을 이겨내고 역경 속에서도 성장할 수 있는 힘을 줍니다. Being(존재), 체력 관리, 정서 관리를 일상의 루틴으로 통합하는 일은 지속 가능한 변화를 이끄는 강력한 기반입니다. 매일의 작은 실천이 쌓여 결국 큰 존재의 변화를 만듭니다. 꾸준한 성장을 이끄는 이 실천의 축은 삶의 각 영역에서 성장과 동기를 발견하게 합니다. 존재의 변화는 추상이 아니라 실천을 통해 현실이 됩니다.

이 파트에서는 스스로 답을 찾는 자기 성찰 질문, 명상과 감사 일기 등 구체적인 실천을 안내합니다. 이러한 과정은 내면의 평화를 회복하고 자신에게 맞는 삶의 방향을 세우게 합니다. '존재' 파트는 자신의 내면을 깊이 탐구하고 궁극적인 변화를 경험하도록 설계되었습니다. 각 질문과 활동은 스스로 통찰을 얻는 코칭의 과정과 같습니다. 과거의 경험과 미래의 비전을 연결하며 지금 이 순간 어떤 존재로 살아가길 원하는지 명확히 하게 될 것입니다. 존재의 변화는 한 번의 결심으로 완성되지 않습니다. 꾸준한 성찰과 실천이 필요합니다. 매일의 작은 기록은 쌓여 삶을 더욱 풍요롭고 의미 있게 만듭니다.

> 존재가 성과를 낳는다.

세상은 무엇을 했는가 Doing를 묻지만,
지속 가능한 성장은 어떤 존재가 되었는가 Being에서 시작됩니다.

이 여정의 여섯 챕터는 선형이 아니라 순환의 구조입니다.

매 분기 또는 6개월마다 처음으로 돌아가
'지금 나는 누구인가?'를 다시 묻는다면,
존재의 깊이는 계속 확장될 것입니다.

Coaching Planner

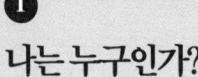

나는 누구인가?

Who am I?

붙여진 이름이 아닌, 내가 선택한 '존재'로 살아가기 위해.

'나는 누구인가'라는 질문은 단순히 철학적 사유를 하기 위해 하는 질문이 아닙니다. 이 질문은 내가 '어떤 존재로 살고 싶은가'에 대한 내면의 물음이자 그 내면이 보내는 도움의 신호입니다.

나는, 자녀, 부모, 배우자, 동료, 리더, 등 여러 역할을 하며 살고 있습니다. 그러나 그 역할들은 '나'라는 존재의 본질이 아닙니다.

나의 진짜 존재는 오롯이 내 안에서 시작됩니다.
진짜 나는 어떤 사람인지, 어떤 상황에서 빛나고 어떤 순간에 위축되는지 돌아보는 것.

그것이 바로 코칭의 핵심이자 자기 인식의 출발점입니다.
존재가 중요한 이유는 역할이 바뀌어도 나는 여전히 남기 때문입니다. 나를 이해해야 앞으로의 방향이 보입니다.

1. 인식 지도 그리기   예)역할:팀장   느낀 감정: 책임감, 외로움   드러난 내 모습: 신중한 리더, 배려와 조율

역할	느낀 감정	드러난 내 모습

역할은 인생에서 형성된 것이고, 존재성은 본래의 나 자신입니다.

2. 마음에 울림이 있는 단어나 문장에 동그라미를 치고, 그 단어가 어떻게 나를 설명하는지 써봅니다.

마무리 한줄 ───────────────────────────────────── *Closing Line*

나는 _____ 입니다.

지금 깨달은 나의 존재를 글로 표현해 보세요.

②
내 삶의 중심에는
무엇이 있는가?

What lies at the center of my life?

———————

삶이 흔들리고 공허하고
방향을 잃었다고 느낄 때가 있습니다.
그 원인은 종종 가치의 부재에서 비롯됩니다.

가치는 삶의 방향입니다
그 나침반이 없으면 길은 흔들립니다.

우리는 매 순간 선택하며 살아갑니다.
하지만 그 선택이 무엇을 위해, 어떤 기준으로 이뤄지는지
의식하지 못할 때가 많습니다.

내 삶에서 중요한 가치는 무엇인지, 그리고 그 가치대로
지금 얼마나 살아내고 있는지 스스로 아는 일.
그것이 자기 존재를 정렬시키는 가장 중요한 실천입니다.

가치는
해야 할 일의 체크리스트가 아니라,
되고 싶은 나 자신을 향한 좌표입니다.

1. 3분 동안 떠오르는 소중한 단어를 모두 적어보세요.

TIP) 잘 떠오르지 않으면 휴대폰 사진첩을 살펴보세요.

2. 그 단어들 중에 절대 놓칠 수 없는 것 5개를 체크해 보세요.

3. 그 단어가 왜 중요한지 한 문장으로 적어보세요.

마무리 한줄 ———————————————————————— *Closing Line*

오늘 나는 _____의 가치를
1cm 이상 살아냈다!

❸ 나는 스스로에게 어떤 말을 하고 있는가?

What am I saying to myself?

_____

내가 - 나에게 건네는 말이 내가 세상과 만나는 방식이 됩니다.
나는 - 나에게 가장 가까이 있고 가장 자주 말을 건네는 존재입니다.
이 내면의 대화가 - 나의 감정, 행동, 삶에 지속적인 영향을 줍니다.

나는 안 돼.
나는 왜 이것 밖에 안 될까?
나는 왜 이렇게 늘 부족할까?

이런 언어는 나의 존재를 규정하고
가능성을 향한 힘을 약하게 만듭니다.

부정적 언어는 가능성을 좁히지만
지지하는 언어는 존재를 확장합니다.

이제 내가 나에게 하는 말을
나를 지지하는 언어로 바꿔보세요.
그 순간 나의 세계도 달라집니다.
내면의 언어는 감정과 행동을 설계합니다.

1. 오늘 가장 자주 떠오른 자기 내면의 대화 세 가지를 적어보세요.

2. 그중 부정적인 언어가 있다면 나를 지지하는 말로 바꿔보세요.

예)) 넌 안 돼. → 나는 배우는 중이고 계속 성장하고 있어

3. 바꾼 문장을 소리 내어 읽어보세요.

내 목소리로 나를 지지하는 연습이 됩니다.

마무리 한 줄 _____ Closing Line

내 언어가 내 존재를 키웁니다.

④ 나는 어떤 감정을 자주 느끼는가?

What emotions do I often feel?

감정은 존재의 언어입니다.
감정을 정직하게 바라보고
그 메시지를 이해할 수 있을 때 비로소 존재의 중심과
다시 연결됩니다.
감정은 억눌러야 할 적이 아니라 내면의 메시지입니다.

감정이 일어난 상황과 나의 반응을 살피고 그 감정이 말해주는
진짜 욕구를 봅니다.
몸은 언제나 말보다 먼저 진실을 알려줍니다.

1. 오늘 가장 자주 떠오른 자기 내면의 대화 세 가지를 적어보세요.

(예: 불안 → 일정을 통제할 수 없을 때   몸이 보내는 메시지 → 안정감, 예측 가능성)

2. 그중 하나의 감정을 선택하고 아래 문장을 완성해보세요.

나는 지금 _____ 을 느낀다.

왜냐하면 _____ 이 내게 중요하기 때문이다.

3. 회복 루틴을 만들어보세요.

감정이 올라올 때 멈춤 → 호흡 → 선택 순서로 반응해봅니다.

(예: 감정이나 몸의 신호를 감지하면 3분간 호흡을 가다듬고 필요한 행동을 선택합니다. 스트레칭, 물 한 잔, 잠시 산책 등)

마무리 한 줄 _____ *Closing Line*

> 감정을 이해하는 것은 자신을 이해하는 첫걸음이다.

나는 나의 과거를
어떻게 기억하는가?

How do I remember my past?

기억은 과거의 저장이 아니라 지금 이 순간의 해석입니다.
우리 모두에게 과거는 있습니다.
하지만 과거는 시간 속에 멈춰 있는 기록이 아니라 현재의 나를 구성하는 해석된 기억으로 존재합니다.

코칭은 과거를 지우거나 바꾸려 하지 않습니다.
그 기억을 새로운 시선으로 바라보게 하여 현재의 나를 더 넓고 깊게 받아들일 수 있도록 돕습니다.
과거는 고정된 서사가 아닙니다.

기억은 언제든 새롭게 쓰여질 수 있는 나의 이야기입니다.
과거의 사건이 아니라 그 사건을 지금 어떻게 해석하느냐가 나의 존재를 규정합니다. 기억을 다시 읽는 것은 과거를 바꾸는 것이 아니라 그 의미를 확장하는 일입니다.

1. 영향력이 컸던 기억 하나를 선택하고 아래 표를 작성해보세요.

과거의 상황	당시 감정	현재 해석	얻은 힘(교훈,경험,성장)

2. 아래 문장을 완성해보세요.

그때의 나는 _____ 였지만

지금 나는 그 경험을 통해 _____ 을 배우고 있다.

3. 과거의 나에게 편지를 씁니다.

마무리 한 줄 ─────────────────────────── *Closing Line*

> 과거는 나를 묶는 사슬이 아니라 나를 밀어주는 추진력입니다.

6. 나는 어떤 존재로 살아가고 싶은가?

Who do I want to be?

존재는 선택입니다.
나는 어떤 선택을 할 것입니까?

나는 누구인가?
무엇이 나의 감정과 생각을 움직이는가?
어떤 순간에 나의 진심이 드러나는가?

우리는 이 여정을 돌아보며 하나의 질문 앞에 서게 됩니다.

나는 앞으로 어떤 존재로 살아가고 싶은가?

이 질문은 목표를 세우는 일이라기보다
일의 방향이 아니라 삶의 방식과 본질을 선택하는 일입니다.
존재 선언은 완벽한 미래를 약속하는 것이 아니라
지금 이 순간부터 그렇게 살아가겠다는 결정입니다.

이제 선언과 실천의 차례입니다.
선언은 미래 목표가 아니라
지금 이 순간부터의 삶의 방식입니다.

1. 나의 존재를 대표하는 키워드 세 개를 선정하세요.

(예: 자유 / 따뜻함 / 창조성)

2. 존재 선언문을 작성하세요.

나는 앞으로 _____ , _____ , _____ 의

에너지를 지닌 존재로 나 자신과 세상에 기여하며 살아가겠습니다.

3. 주간 습관을 설계하세요.

키워드마다 매주 실행할 1cm의 행동을 정하고 달력에 표시하세요.
(예: 가족을 소중히 여김 → 주말마다 가족과 산책 사진 한 장 남기기)

키워드	실천 행동

마무리 한 줄 ──────────────────────────────── *Closing Line*

> 존재는 선택이고 오늘 나는 이미 선택했습니다.

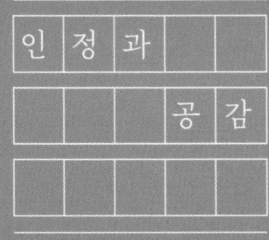

인정과 공감

Coaching Planner

Module 03.

Comprehension and Empathy

Coaching Pleaner

Module 02 　　　　　인정과 공감

자기 성찰의 중요한 한 축인 인정과 공감은 나를 이해하고 타인과 깊이 연결되게 하는 힘입니다. 우리는 때때로 나 자신을 충분히 인정하지 못하거나 타인의 감정을 온전히 받아들이지 못해 관계 속에서 어려움을 겪습니다.
이 파트는 자기 인식이라는 기반 위에서 나를 따뜻하게 인정하고 타인의 입장을 헤아려 진정한 공감을 실천하는 방법을 탐색합니다. 이는 건강한 자아상을 확립하고 풍요로운 관계를 형성하는 데 핵심적인 역할을 합니다.

자기 인정은 모든 관계의 출발점입니다.
우리는 흔히 자신의 약점과 실수에만 시선을 두고 스스로를 비난하며 부족하다고 느낍니다. 하지만 나의 감정과 욕구 그리고 있는 그대로의 모습을 이해하고 수용하는 것이 자아 성장의 출발점입니다.
나를 인정하고 존중할 때 내면은 평화를 회복하고 더 단단해집니다.
외부의 평가에 흔들리지 않는 자존감과 용기는 여기서 자랍니다.

타인을 인정하는 것은 각자의 고유한 가치를 존중하는 태도입니다.
사람은 서로 다른 배경과 경험을 가진 존재입니다.

따라서 상대의 생각 감정과 관점을 있는 그대로 받아들이는 마음은
건강한 관계의 기반이 됩니다.
타인을 인정하는 행위는 관계의 폭을 넓히고 깊이를 더합니다.

공감은 단순한 이해를 넘어 타인의 감정을 함께 느끼고 연결되는 능력입니다. 슬픔에 함께
머무르고 기쁨을 함께 나누며 비로소 인간적인 유대가 형성됩니다.
공감의 힘은 갈등을 해소하고 화합을 이루는 가장 따뜻한 다리가 됩니다.
공감 능력을 기르기 위한 기본은 적극적 경청과 감정 읽기입니다. 말의 의미뿐 아니라 표정,
몸짓, 어조를 통해 상대가 느끼는 감정을 파악해보세요. 그러면 진짜 소통이 시작됩니다.

자기 인정과 공감은 서로를 깊게 지지하는 관계입니다.
나를 있는 그대로 인정할 수 있을 때 타인의 감정에도 더 쉽게 공감할 수 있습니다. 자신의
가치를 아는 사람은 타인의 가치 또한 존중합니다.
내 안에서 시작된 인정과 공감의 에너지는 관계 속에서 선한 영향력으로 확장됩니다.

자신의 감정을 이해하지 못하면 타인에게도 제대로 표현할 수 없습니다.
이는 오해를 낳고 갈등을 만들 수 있습니다.
타인의 입장을 헤아리지 못하면 관계는 멀어지고 고립감은 커집니다.
이로 인해 삶의 만족도는 떨어질 수 있습니다.

일상의 실천

이러한 작은 실천들이 모여 관계의 선순환을 만듭니다.

* 주변 사람에게 작은 노력과 변화를 보았을 때 진심을 담아 칭찬하기
* 감사의 마음을 말이나 행동으로 직접 표현하기
* 상대의 어려움에 귀 기울이고 가능한 도움의 손길을 내밀기

인정과 공감 파트는 독자가 자기 인정과 공감 능력을 실질적으로 강화하도록 설계되었습니다. 제시된 질문과 활동을 통해 자신을 성찰하고 타인의 감정을 이해하는 연습을 하게 됩니다. 나에게 따뜻한 시선을 돌릴 때 타인에게도 그 따뜻함을 확장할 수 있습니다.

인정과 공감은 성숙한 인간관계, 개인의 성장 그리고 행복한 삶을 위한 본질적인 요소입니다. 스스로를 이해하고 사랑하는 마음은 타인을 향한 따뜻한 마음으로 이어집니다. 이 여정을 통해 자신과 타인을 향한 인정과 공감이 깊어지기를 진심으로 응원합니다.

"

인정과 공감

행복한 삶의 핵심은 따뜻한 인간관계입니다.

그 관계의 시작은 나를 이해하고 받아들이는 일이며
타인의 감정을 존중하고 공감하는 마음에서 자연스레 확장됩니다.

나는 나를 있는 그대로 바라보며, 타인 또한 그 존재 그대로 받아들일 때
서로에게 위로가 되고 함께 성장하는 관계를 경험합니다.

Coaching Planner

❶ 자기 인식과 수용

Self-awareness and Acceptance

1 단계. 감정 알아차리기

오늘 하루 나에게 가장 크게 영향을 준 감정을 떠올립니다. 그 감정을 색이나 자연 현상(예: 날씨)으로 표현해봅니다. 감정이 일어난 순간을 잠시 멈추어 다시 바라봅니다.

코칭 질문

- 오늘의 감정은 어떤 색 또는 어떤 날씨인가요?

_____

_____

- 그 감정을 가장 강하게 느낀 순간은 언제인가요?

_____

_____

2 단계. 감정의 메시지 듣기

감정은 판단이 아니라 신호입니다.
이 감정이 내 안에서 무엇을 말하고 싶은지 귀 기울여 들어봅니다.

코칭 질문

- 내가 느낀 이 감정은 어떤 바람이나 욕구를 알려주나요?

- 이 감정을 인정하는 일이 왜 나에게 중요할까요?

3 단계. 나에게 따뜻한 말 건네기

지금의 나를 지지하고 응원하는 한 문장을 적어봅니다.
말은 에너지로 남고 그 에너지가 존재를 변화시킵니다.

코칭 질문

- 오늘 나에게 어떤 말을 해주고 싶나요?

- 이 말을 매일 들려준다면 어떤 변화가 생길까요?

❷ 타인 인정과 공감 대화

Recognizing and Empathizing with Others

깊은 소통은 상대의 감정을 바라보고 이해하려는 마음에서 시작됩니다.

1 단계. 타인의 감정 바라보기

최근 대화를 나눈 사람을 떠올립니다.
그 사람이 어떤 감정과 바람을 품고 있었는지 생생하게 상상해봅니다.

코칭질문

- 그 사람은 어떤 이야기를 했고, 어떤 감정을 느꼈나요?

- 그 감정 아래에는 어떤 욕구가 있었을까요?

2 단계. 공감 표현과 나의 반응 돌아보기

그때 나는 어떤 태도로 반응했는지 생각해봅니다.
내 반응이 그 사람에게 어떤 영향을 주었는지 바라봅니다.

코칭 질문

- 그 상황에서 나는 어떻게 반응했나요?

- 내 반응은 상대에게 어떤 영향을 주었나요?

3 단계. 다음 대화 준비하기

공감은 동의가 아니라 감정의 진실을 인정하는 일입니다.
상대의 마음이 안전하게 머물 수 있는 공간을 만들어봅니다.

예) 많이 힘들었겠다. / 충분히 그렇게 느낄 수 있다. / 속상했을 마음이 이해된다.

코칭 질문

- 다음 대화에서 어떤 공감 표현을 시도해보고 싶나요?

- 그 말을 어떤 말투와 마음으로 전하고 싶나요?

❸ 강점을 통한 인정과 공감

Recognizing and Empathizing through Strengths

강점을 바라보는 태도는 자기 인정에서 시작되어 타인 공감으로 확장됩니다.

1 단계. 나의 강점 발견하기

최근 내가 잘했다고 느낀 경험을 떠올립니다.
그때 드러난 나의 강점을 키워드로 적어봅니다.

(예: 성실함. 유연함. 센스. 공감. 실행력)

코칭질문 ✐

- 최근 내가 "잘했다."고 느낀 순간은 무엇인가요?

_____

_____

_____

- 그때 어떤 능력과 태도가 발휘되었나요?

_____

_____

_____

2단계. 강점 언어화하기

타인의 피드백 속에서 나의 강점을 다시 확인합니다.
강점은 타인의 시선 속에서 더 또렷하게 드러나기도 합니다.

코칭 질문

- 최근 누군가 내게 해준 칭찬 중 가장 기억에 남는 말은 무엇인가요?

- 그 말 속에는 어떤 나의 강점이 담겨 있나요?

3단계. 강점 실천 계획 세우기

발견한 강점을 삶에서 어떻게 활용할 수 있을지 결정합니다.
작은 실천이 강점을 에너지로 바꿔줍니다.

코칭 질문

- 이 강점을 어디에, 어떻게 활용하고 싶나요?

- 타인에게서 강점을 발견하면 어떻게 표현해주고 싶나요?

④ 피드백과 인정 나누기

Sharing Feedback and Appreciation

1 단계. 피드백 기억 떠올리기
최근 주고받은 피드백을 떠올리고 그때 느꼈던 감정을 되짚어봅니다.

코칭질문 ✒

- 최근 누군가에게 피드백을 준 적이 있나요? 어떤 말이었나요?

- 그 피드백을 들었을 때 어떤 기분이 들었나요?

- 나에게 어떤 변화가 생겼나요?

2단계. 칭찬과 인정 연습 (ABC 구조)

감사하거나 칭찬하고 싶은 사람을 떠올립니다.

행동(A), 성품(B), 기여(C)를 구체적으로 표현합니다.

A. Action - 행동에 대한 인정.

예) 회의 자료를 미리 정리해 공유해줘서 큰 도움이 됐어요.

B. Being - 존재·태도에 대한 인정.

예) 세심하게 배려하는 모습이 감동이에요.

C. Contribution - 기여에 대한 인정.

예) 덕분에 회의가 원활하게 진행됐고 모두가 편안했어요.

예) "회의 자료를 꼼꼼히 정리해 미리 공유해줘서 정말 도움이 됐어요. 대리님처럼 배려 깊은 존재 덕분에 우리 팀이 잘 굴러가는 것 같아요. 덕분에 모두가 편하게 회의를 준비할 수 있었어요. 고마워요."

(구체적이고 진심을 담은 표현이 가장 큰 힘을 가집니다.)

3단계. 나만의 피드백 원칙 정리

- 도움을 주려는 마음을 담아 표현합니다.
- 구체적으로 말합니다.
- 타이밍과 분위기를 고려합니다.
- 칭찬과 제안을 균형 있게 전합니다.
- 노력과 기여를 함께 인정합니다.

코칭 질문

- 피드백을 줄 때 가장 주의할 점은 무엇인가요?

- 진심을 담은 피드백을 위해 내가 할 수 있는 노력은 무엇인가요?

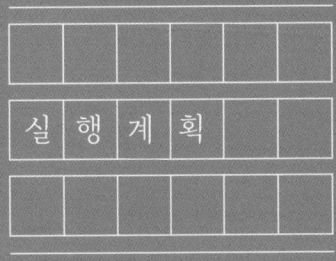

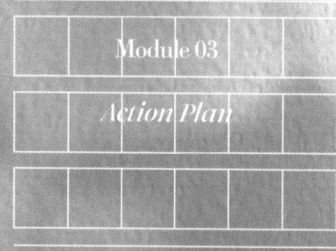

Module 03

Action Plan

Coaching Planner

Module 03 | 실행계획

존재를 깨달았다면 이제 그 존재로 살아가기 위한 선택을 해야 합니다.
깨달음이 변화를 만들기 위해서는 현실 속 행동이 반드시 따라야 합니다.
실행계획은 막연한 생각을 실제 삶으로 옮기는 다리입니다. 어떤 모습으로 살고자 하는지 분명해졌다면 그 모습을 오늘 하루 안에서 작게라도 실천합니다. 목표는 흐릿하면 흔들립니다. 명확할수록 삶은 선명해집니다. 잘 설정된 목표는 행동을 이끌고, 진행을 확인하게 하고 나를 존재 변화의 길 위에 세웁니다. 따라서 SMART 원칙은 목표를 현실에 뿌리내리게 하는 기준입니다.

- Specific - 구체적으로 적습니다.
- Measurable - 측정할 수 있어야 합니다.
- Achievable - 나에게 달성 가능한 목표여야 합니다.
- Relevant - 내가 선택한 존재와 연결되어야 합니다.
- Time-bound - 명확한 시간 안에 실행합니다.

(예: 매일 30분, 긍정의 언어로 자기 암시를 하고 3개월 안에 나로 있는 그대로 인정한다.)

작게 나누고, 바로 시작하기

목표가 아무리 훌륭해도 너무 크고 막연하게 쉽게 움직이지 못합니다.
큰 목표는 작고 분명한 단계로 나눌 때 비로소 현실이 됩니다. 작게 쪼개진 단계는 부담을 줄이고 각 단계마다 성취감을 느끼게 합니다. 성취 경험이 다음 행동을 이끄는 힘이 됩니다.

(예: 매일 아침 5분 명상하기. 일주일 동안 칭찬 일기 쓰기)

준비된 자원을 활용하기

목표를 향해 나아가기 위해 나는 어떤 자원을 가지고 있는지 확인합니다. 코칭 다이어리를 포함해 필요한 자원을 정리하고 구체적인 사용 계획을 세우면 변화는 훨씬 더 빠르게 현실이 됩니다.

- 시간
- 재능과 기술.
- 경험과 지식.
- 나를 지지해주는 사람들.
- 책과 도구들.

장애물 대비와 실행 시스템

어떤 계획에도 장애물은 찾아옵니다. 그래서 실행 전에 미리 예상하고 대비하는 것이 중요합니다. 준비된 사람에게 어려움은 멈춤이 아니라 전환이 됩니다. 시간 부족. 감정 기복. 환경의 방해 등 장애물을 예측하고 각각에 대한 대안을 구체적으로 적어두면 실행의 흐름이 끊어지지 않습니다. (예: 시간 부족 → 15분 일찍 일어나는 선택. / 피곤함 → 3분만 시작하고, 가능하면 연장)

실행의 3요소 - 언제. 어디서. 어떻게.

행동은 구체적일수록 실행이 쉬워집니다. 명확한 시간과 장소는 미루는 마음이 줄고, 행동이 자연스럽게 습관으로 이어집니다. (예: 아침 7시, 침대 옆에서, 5분 감사 명상하기)

점검과 조정

실행계획은 한 번 만들고 끝나는 계획이 아닙니다. 살아 있는 과정입니다. 실행하며 점검하고 필요하면 수정하고 더 나은 방향으로 조정합니다. 점검은 방향을 바로잡는 가장 강력한 도구입니다. 계획이 아니라 실행이 나를 변화시킵니다. 매주. 또는 매월. 다음 질문으로 나를 확인합니다.

코칭 질문

- 어떻게 되었나요?
- 무엇을 하셨나요?
- 어떤 변화가 있었나요?
- 어떤 성장으로 이어졌나요?

동기 유지와 작은 성취의 힘

목표를 향해 걷는 길에서는 동기를 유지하는 일은 무엇보다 중요합니다.
작게 성공했다면 작게라도 스스로를 칭찬하세요. 나의 존재와 변화에 따뜻하게 말해줍니다. 지지해주는 사람들에게 성과를 공유하고 응원을 받습니다. 함께 가는 길은 더 멀리 갑니다. 동기는 포기를 막고 계속 나아가게 하는 힘입니다.

실행을 위한 실질 도구

기록은 성취를 눈에 보이게 만들고 보이는 성취는 다시 행동을 부릅니다.
이 코칭 다이어리의 액션 플랜은 존재 변화가 현실의 삶 속에 뿌리내리도록 돕습니다. 내 꿈을 현실로 이끄는 지도입니다. 목표를 세우고, 실행하고, 지속적으로 성장할 수 있도록 돕는 매일의 작은 발걸음이 삶을 바꿉니다. 나는 이미 변화를 향해 걷기 시작했습니다.

- 선택한 존재를 기준으로 목표를 세우고
- 작은 행동으로 나누어
- 매일의 루틴 속에서 실천합니다.

Module 03

실행계획

나의 가치 찾기

나에게 소중한 것은 무엇인가요?
'가치'라는 단어를 들으면 어떤 생각이 드시나요?

우리는 각자의 선택 기준을 갖고 있습니다.
하지만 그 기준이 무엇인지 물어보면 바로 답하기 어려울 때가 많습니다. 가치는 큰 결정을 할 때만이 아니라 매 순간 나의 선택을 이끌고 있습니다. 직장을 선택할 때. 관계를 이어갈 때. 그리고 점심 메뉴를 고를 때조차도 누군가는 맛을, 누군가는 가격을, 어떤 사람은 분위기를, 다른 사람은 편안함을 더 중요하게 생각합니다. 같은 선택 속에도 각자가 소중히 여기는 가치가 숨어 있습니다.

나는 그동안 어떤 기준으로 살아왔을까요?
무의식적으로 중요하게 여겨온 것들을 조용히 떠올려보는 시간입니다.

다음 가치 목록을 살펴보고 지금 나에게 중요한 10개를 선택해보세요.

가능성	기여	배움	아름다움	유머	자율성	창의성
감사	끈기	변화	안정	유연함	자존감	책임감
건강	나눔	봉사	야망	윤리	전문성	청렴
결단력	다양성	사랑	여유	의미	정의	친밀감
계획성	도전	상상력	열정	인간관계	정직	탁월함
공감	독립성	성장	영성	인정	존중	통찰
공동체	명확함	성취	영향력	일관성	즐거움	투명성
공정성	몰입	소속감	용기	자기이해	지속가능성	평등
관심	문제해결	신뢰	원칙	자립	진정성	평화
균형	배려	실용성	유대감	자유	집중력	품위
풍요	합리성	헌신	혁신	협력	회복탄력성	효율성

선택한 10개를 다시 읽어보고 그중 5개를 지워봅니다.

남은 5개가 오늘의 나를 움직이는 핵심 가치입니다. 아래에 적어주세요.

1.
2.
3.
4.
5.

오늘 하루, 중요하게 생각하는 삶의 가치대로 행동한 것은 무엇인가요?

오늘 하루, 중요하게 생각하는 삶의 가치를 어긴 행동은 무엇이 있었나요?

Module 03

실행계획

목표 정하기

어떤 사람으로 기억되고 싶은가요?

망망대해를 떠다니는 배는 파도가 데려가는 곳으로 흘러가지 않습니다.

도착할 곳을 먼저 정하고 그 목적지를 향해 나아갑니다.

내 삶의 목적지는 어디인가요?

가고자 하는 곳이 분명해지면 방법은 반드시 나타납니다.

이동 수단을 먼저 정하는 삶이 아니라 가야 할 곳을 먼저 선언하는 삶.

목표가 있을 때 삶은 그 방향으로 길을 만듭니다.

어제의 내가 내일을 결정하지 않습니다.

오늘의 내가 내일을 결정합니다.

그래서 우리는 지금에 집중합니다. 오늘 해야 할 일을 선택합니다.

이제 내가 가고자 하는 목표를 적어봅니다.

나는 어떤 사람으로 기억되고 싶은가요?

이제 내가 가고자 하는 목표를 적어봅니다. 나는 어떤 사람으로 기억되기를 원하나요?

먼 훗날, 나의 묘비에는 어떤 문장이 새겨져 있을까요?

10년 뒤, 나는 어떤 사람이 되어 있을까요? 그때의 나의 하루는 어떤 모습일까요?

내가 바라는 모습은, 내가 중요하게 생각하는 가치와 어떻게 연결되나요?

내가 바라는 모습이 되기 위해 나에게 필요한 것은 무엇인가요?
지금 가지고 있는 것과 앞으로 가져야 하는 것은 무엇인가요?

지금도 갖고 있는 것 → 앞으로 갖춰야 할 것

Module 03

실행계획
행동계획 세우기

아무것도 하지 않으면 아무 일도 일어나지 않습니다.
복권에 당첨되려면 복권을 사야 합니다.
운동을 하지 않으면 근육은 생기지 않습니다.
생각만으로는 변화가 오지 않습니다.
정보를 아는 것과 직접 행동하는 것은 완전히 다른 차원입니다.
작은 것부터. 마음이 가는 것부터. 지금 당장 할 수 있는 것부터 시작합니다.
반드시 해야 할 일부터 해도 좋습니다. 구체적으로 적고, 실행 가능한 단계로 나누면 완성될 가능성은 훨씬 높아집니다.

무엇부터 시작하시겠습니까?
지금, 바로 시작합니다.

이제 그만 해야할 것, 더 열심히 해야할 것, 새롭게 시작해야 할 것을 적어주세요.

5년 후 나의 모습은?

STOP – 그만 할 것

CONTINUE – 더 열심히 할 것

START – 새롭게 시작할 것

이 중에서 꼭 해야 할 3가지를 선택해 SMART 원칙에 따라 계획을 세워봅시다.

예)건강관리			
Specific 구체적인 예) 체중 감량, 습관 만들기			
Measurable 측정 가능한 예) 3개월 내 5kg 감량 후 유지			
Achievable 달성 가능한 예) 주 3회 30분 유산소 운동			
Relevant 관련성 있는 예) 과체중으로 인해 경계성 고혈압 진단			
Time-bound 시간 제한이 명확한 예) 3개월			

Section 2

코칭 플래너

Coaching Planner

Coaching Planner

마인드 세팅 1 　　　　　　　　　　　　　　　　　　　Mind Setting

한 소년이 있었습니다. 구두 수선공의 아들로 태어나 가난했지만 글을 사랑했습니다. 소년은 용기를 내어 자신의 글을 사람들에게 보여주었습니다. 하지만 돌아온 것은 조롱뿐이었습니다.
"이걸 글이라고 썼니?"

상처받은 소년은 집으로 달려가 어머니께 하소연했습니다. 어머니는 말없이 소년의 손을 잡고 꽃밭으로 데려갔습니다. 막 돋아난 작은 잎을 가리키며 어머니는 말했습니다.
"아들아. 이 작은 잎도 언젠가 세상을 아름답게 만드는 꽃을 피운단다. 너도 이 잎처럼 많은 사람에게 감동을 주는 작가가 될 거라 믿는다."

소년은 따뜻한 말에 용기를 얻었습니다. 포기하지 않고 글을 계속 써 내려갔습니다. 세월이 흘러 그는 온 세상에 희망과 위로를 전하는 작가, 안데르센이 되었습니다.

사람의 가능성은 아직 피지 않은 꽃봉오리와 같습니다. 따뜻한 말 한마디가 그 꽃을 피우는 햇살이 됩니다. 오늘 나의 말이 누군가의 꽃이 되기를 바랍니다. 내가 건네는 인정과 격려가 누군가의 마음을 활짝 피우게 할 것입니다.

기억에 남는 지지나 격려의
말은 무엇입니까?

누군가에게 해준다면,
누구에게 어떤
말을 건네고 싶습니까?

오 늘 나 의 　 테 마 곡

Song　곡명

생각나는 가사

소크라테스
Socrates

너 자신을 알라.

Date.　　．　．

지금, 감사하는 것.

오늘 나를 위해 할 일 / 한 일.

잠들기 전에 나에게 해주고 싶은 말?

나는 나 자신을 선택한다.

키에르케고르
Søren Kierkegaard

Date.   .   .

지금, 감사하는 것.

오늘 나를 위해 할 일 / 한 일.

잠들기 전에 나에게 해주고 싶은 말?

행복은
내면에서 온다.

Happiness comes from within.

쇼펜하우어

Schopenhauer

Date.   .   .

지금, 감사하는 것.

오늘 나를 위해 할 일 / 한 일.

잠들기 전에 나에게 해주고 싶은 말?

지금 이 순간에 머무르세요.

에크하르트 톨레
Eckhart Tolle

Date. . .

지금, 감사하는 것.

오늘 나를 위해 할 일 / 한 일.

잠들기 전에 나에게 해주고 싶은 말?

성찰은 성장의 시작이다.

Reflection is the beginning of growth

공자
孔子

Date.　.　.

지금, 감사하는 것.

오늘 나를 위해 할 일 / 한 일.

잠들기 전에 나에게 해주고 싶은 말?

너의 삶을 네가 사랑하게 하라.

니체

Nietzsche

Date. . .

지금, 감사하는 것.

오늘 나를 위해 할 일 / 한 일.

잠들기 전에 나에게 해주고 싶은 말?

모든 위대한 것은 작게 시작된다.

안데르센
Andersen

Date. . .

지금, 감사하는 것.

오늘 나를 위해 할 일 / 한 일.

잠들기 전에 나에게 해주고 싶은 말?

이번 주, 버리고 싶은 것들.

-

감정, 걱정, 물건 등

Let go of your worries.

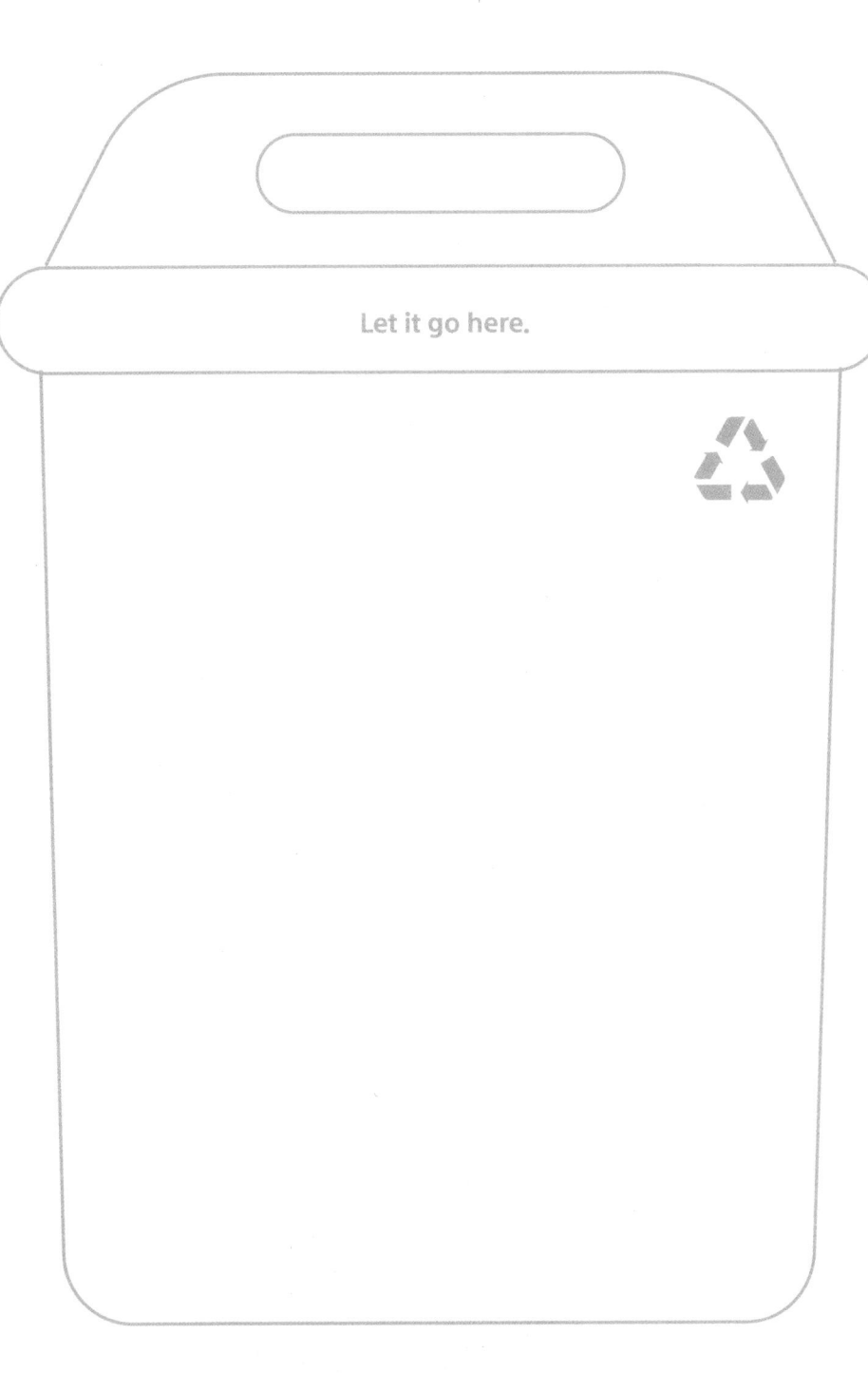

첫 번째 주말

–

당신의 발걸음이
변화를 만들고 있습니다.

A Weekend of Rest

# 마인드 세팅 2 _____ Mind Setting

누에고치는 열흘만 살고도 자신의 창자에서 실을 뽑아 집을 짓습니다. 제비는 여섯 달을 살며 목에서 피가 오를 정도로 침을 삼켜 진흙을 만들고 그 아픔을 참고 집을 짓습니다. 까치는 한 해를 살며 볏짚을 물어 오느라 입이 헐고 꼬리가 빠져도 지치지 않고 집을 짓습니다.

하지만 새와 곤충들은 상황이 바뀌면 미련 없이 그 집을 떠납니다. 오직 사람만이 끝까지 움켜쥐다가 결국 빈손으로 떠납니다. 사람을 위해 돈이 생겨났지만 이제는 돈이 사람을 지배합니다. 집은 거주를 위한 공간이지만 집의 크기를 성공의 기준으로 삼게 되면서 안락함보다 투자가 더 중요해졌습니다.

그렇게 우리는 현실을 거꾸로 바라보는 전도(顚倒) 속에 헛된 꿈을 현실로 착각하는 몽상(夢想) 속에 빠져 있습니다. 그리고 그 전도 몽상에 갇혀 있는 사람이 어쩌면 바로 나 자신일지도 모릅니다.

내가 버리지 못하고 붙잡고
있는 것은 무엇인가요?

그것을 내려놓지 못하는
이유는 무엇인가요?

오늘 나의 테마곡

Song 곡명

생각나는 가사

> 진정한 여행은 새로운 풍경이 아니라
> 새로운 눈을 가지는 것이다.
>
> 프루스트
> Proust

Date.   .   .

지금, 감사하는 것.

오늘 나를 위해 할 일 / 한 일.

잠들기 전에 나에게 해주고 싶은 말?

우리는 우리가 반복하는 행동이다.

아리스토텔레스
Aristotle

Date. . .

지금, 감사하는 것.

오늘 나를 위해 할 일 / 한 일.

잠들기 전에 나에게 해주고 싶은 말?

행동은
두려움을 이긴다.

Action conquers fear.

에머슨
Emerson

Date. . .

지금, 감사하는 것.

오늘 나를 위해 할 일 / 한 일.

잠들기 전에 나에게 해주고 싶은 말?

삶은 과감한 모험이거나
아무것도 아니다.

헬렌 켈러
Helen Keller

Date.　　.　　.

지금, 감사하는 것.

오늘 나를 위해 할 일 / 한 일.

잠들기 전에 나에게 해주고 싶은 말?

너 자신이 되어라.

Be yourself

니체

Nietzsche

Date. . .

지금, 감사하는 것.

오늘 나를 위해 할 일 / 한 일.

잠들기 전에 나에게 해주고 싶은 말?

마음이 곧 세계다.

쇼펜하우어

Schopenhauer

Date.

지금, 감사하는 것.

오늘 나를 위해 할 일 / 한 일.

잠들기 전에 나에게 해주고 싶은 말?

앎은 자신을 아는 데서 시작된다.

아리스토텔레스
Aristotle

Date.   .   .

지금, 감사하는 것.

오늘 나를 위해 할 일 / 한 일.

잠들기 전에 나에게 해주고 싶은 말?

Color the picture.

마지막으로 색칠공부를 한 것은 언제였나요?
오랜만에 다시 해볼까요?

색칠한 그림에서 가장 마음이 가는 부분은 어디인가요?

그 이유는 무엇인가요?

색칠하면서 어떤 생각과 감정이 떠올랐나요?

새로운 깨달음이 있었다면 무엇인가요?

두 번째 주말

꾸준함이 당신을 더 단단하게
만들고 있습니다.

A Weekend of Rest

Coaching Planner

마인드 세팅 3 ____ Mind Setting

미국 뉴저지의 작은 학교. 낡은 교실에 스물여섯 명의 아이들이 있었습니다. 마약. 소년원. 낙태. 모두가 포기한 아이들 대부분이 다니고 있던 학교에 새로운 선생님 베라가 첫 수업에서 이렇게 물었습니다.

"다음 세 사람 중 인류에게 행복을 줄 사람은 누구일까요?"

A. 부패한 정치인과 어울림, 점성술을 믿음, 두 명의 부인, 줄담배와 폭음

B. 두 번의 해고, 정오까지 늦잠, 아편 복용

C. 전쟁영웅, 채식주의자, 담배를 피우지 않음, 가끔 맥주, 법을 어긴 적 없음

아이들은 모두 C를 골랐습니다. 그러자 베라 선생님이 말했습니다.
"A는 루스벨트, B는 처칠, C는 히틀러입니다."
교실은 숨조차 멈춘 듯 조용해졌습니다. 베라 선생님은 부드럽지만 단호하게 덧붙였습니다.

"과거가 여러분을 결정하지 않습니다. 미래가 여러분을 만듭니다. 여러분은 모두 소중합니다. 얼마든지 성공할 수 있습니다."

그 말은 아이들의 가슴에 깊이 새겨졌습니다. 그들은 각자의 자리에서 전문가가 되었습니다. 가장 작고 말썽꾸러기였던 로버트 해리슨은 월스트리트의 경영자가 되었습니다.

과거의 실수는 미래를 막지 않습니다. 머물지 말고 앞으로 가십시오. 행복한 미래를 향해 한 걸음 더.

나의 미래를 위해서 한 달 동안 새롭게 만들고 싶은 습관은 무엇인가요?

나를
한 컷의 이미지로
표현한다면?

삶은 찾아오는 것이 아니라
만들어가는 것이다.

존 듀이
John Dewey

Date. . .

지금, 나에게 소중한 것은? 사람, 가치, 물건 등 어떤 것이 떠오르나요?

오늘 덜어낸 것 하나, 시도한 것 하나, 꾸준히 한 것 하나는?

내 에너지를 한곳에 쏟는다면 어디일까요?

가장 어두운 밤에 별이
가장 빛난다.

찰스 애디슨
Charles Addison

Date.   .   .

지금, 나에게 소중한 것은? 사람, 가치, 물건 등 어떤 것이 떠오르나요?

오늘 덜어낸 것 하나, 시도한 것 하나, 꾸준히 한 것 하나는?

내 에너지를 한곳에 쏟는다면 어디일까요?

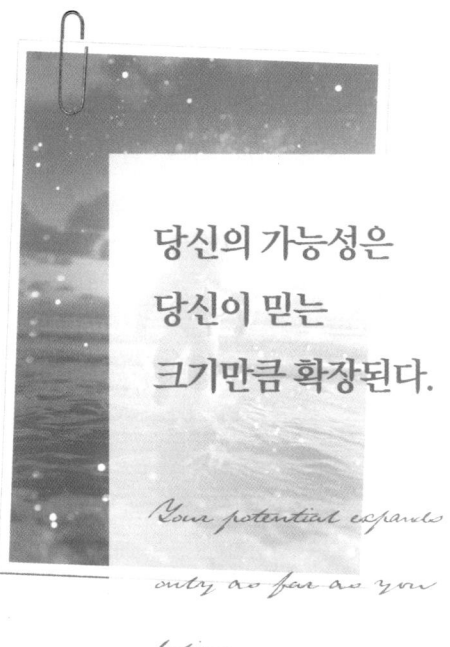

당신의 가능성은
당신이 믿는
크기만큼 확장된다.

Your potential expands only as far as you believe.

메리 케이 애쉬
Mary Kay Ash

Date.　　.　　.

지금, 나에게 소중한 것은? 사람, 가치, 물건 등 어떤 것이 떠오르나요?

오늘 덜어낸 것 하나, 시도한 것 하나, 꾸준히 한 것 하나는?

내 에너지를 한곳에 쏟는다면 어디일까요?

용기는 두려움이 없는 것이 아니라
두려움보다 중요한 것이 있을 때 생긴다.

앰브로스 레드문
Ambrose Redmoon

Date.

지금, 나에게 소중한 것은? 사람, 가치, 물건 등 어떤 것이 떠오르나요?

오늘 덜어낸 것 하나, 시도한 것 하나, 꾸준히 한 것 하나는?

내 에너지를 한곳에 쏟는다면 어디일까요?

작은 발걸음이 가장
큰 여정을 시작하게 한다.

A small step can begin the greatest journey

윌리엄 워드

William Ward

Date.   .   .

지금, 나에게 소중한 것은? 사람, 가치, 물건 등 어떤 것이 떠오르나요?

오늘 덜어낸 것 하나, 시도한 것 하나, 꾸준히 한 것 하나는?

내 에너지를 한곳에 쏟는다면 어디일까요?

세상은 변화를 기다리지 않는다.
변화를 선택하는 사람에게 길을 열어주고 있다.

케빈 켈리
Kevin Kelly

Date. . .

지금, 나에게 소중한 것은? 사람, 가치, 물건 등 어떤 것이 떠오르나요?

오늘 덜어낸 것 하나, 시도한 것 하나, 꾸준히 한 것 하나는?

내 에너지를 한곳에 쏟는다면 어디일까요?

지금, 이 순간의 선택이 당신의 내일을 만든다.

제임스 얼 존스
James Earl Jones

Date.   .   .

지금, 나에게 소중한 것은? 사람, 가치, 물건 등 어떤 것이 떠오르나요?

오늘 덜어낸 것 하나, 시도한 것 하나, 꾸준히 한 것 하나는?

내 에너지를 한곳에 쏟는다면 어디일까요?

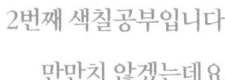

2번째 색칠공부입니다.
만만치 않겠는데요.

가장 많이 사용한 색은 무엇인가요?

그 색은 어떤 느낌을 들게 하나요?

색칠 활동을 하면서 떠오른 생각과 감정은
무엇인가요?

새롭게 깨달은 것이 있다면 무엇인가요?

세 번째 주말

-

당신은 이미
좋은 방향으로 가고 있습니다.

A Weekend of Rest

Coaching Planner

마인드 세팅 4 _____ Mind Setting

어린 소년이 있었습니다. 어느 날 아버지가 아끼던 벼루를 몰래 쓰다 깨뜨렸습니다. 하인은 자신이 깼다고 하겠다며 도와주려 했습니다. 하지만 소년은 곧장 아버지께 사실을 고백했습니다. 아버지는 회초리를 들었고 소년의 종아리는 금세 피멍이 들었습니다. 그러자 하인은 매를 피할 수 있었는데 왜 정직하게 말했냐고 물었습니다.

"종아리는 아프지만 마음은 편합니다. 이게 정직 아닙니까."

이 소년은 훗날 항일과 애국의 상징이 된 안중근 의사입니다. 그의 정직과 용기는 독립운동의 바탕이 되었습니다. 어려운 시대 많은 이들이 양심을 숨겼습니다. 그러나 그는 당당한 삶을 선택했습니다.

정직은 모든 성품의 뿌리입니다. 위기의 순간 정직을 선택하는 일은 쉽지 않지만 삶을 바로 세우는 가장 값진 유산입니다.

지금까지 살면서 가장 정직한 선택을 한 일이 있었다면 무엇입니까?

스스로에게 정직하기 위해 앞으로 실천하고 싶은 것은 무엇입니까?

내 삶의 자랑스러운 한순간

정직은 지혜의 책에서
첫 번째 장입니다.

토머스 제퍼슨
Thomas Jefferson

Date.

지금, 나에게 소중한 것은? 사람, 가치, 물건 등 어떤 것이 떠오르나요?

오늘 덜어낸 것 하나, 시도한 것 하나. 꾸준히 한 것 하나는?

내 에너지를 한 곳에 쏟는다면 어디일까요?

정직은 거짓말을 하지 않는 것 이상입니다.
그것은 진실을 말하고 진실로 살고
진실을 사랑하는 것입니다.

제임스 E. 포스트
James E. Post

Date.   .   .

지금, 나에게 소중한 것은? 사람, 가치, 물건 등 어떤 것이 떠오르나요?

오늘 덜어낸 것 하나, 시도한 것 하나. 꾸준히 한 것 하나는?

내 에너지를 한 곳에 쏟는다면 어디일까요?

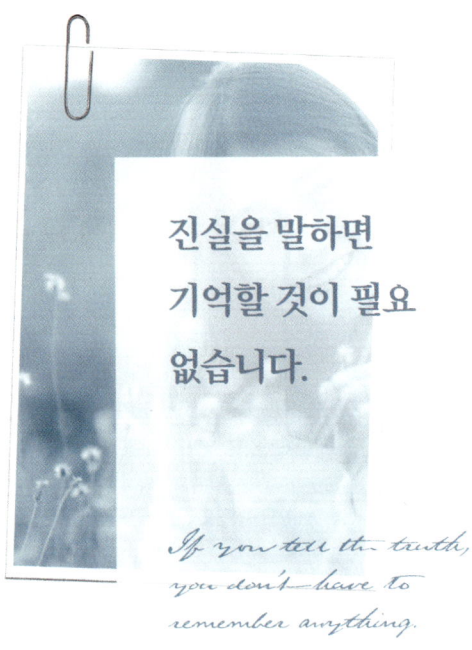

진실을 말하면
기억할 것이 필요
없습니다.

*If you tell the truth,
you don't have to
remember anything.*

마크 트웨인
Mark Twain

Date.   .   .

지금, 나에게 소중한 것은? 사람, 가치, 물건 등 어떤 것이 떠오르나요?

오늘 덜어낸 것 하나, 시도한 것 하나. 꾸준히 한 것 하나는?

내 에너지를 한 곳에 쏟는다면 어디일까요?

거짓말을 하면 두 가지를 잃습니다.
남에게 한 거짓말과 자신에게 한 거짓말입니다.

로버트 브롤트
Robert Brault

Date.   .   .

지금, 나에게 소중한 것은? 사람, 가치, 물건 등 어떤 것이 떠오르나요?

오늘 덜어낸 것 하나, 시도한 것 하나, 꾸준히 한 것 하나는?

내 에너지를 한 곳에 쏟는다면 어디일까요?

유산 중 가장 풍부한 것은 정직입니다.

The richest legacy is honesty

윌리엄 셰익스피어

William Shakespeare

Date.   .   .

지금, 나에게 소중한 것은? 사람, 가치, 물건 등 어떤 것이 떠오르나요?

오늘 덜어낸 것 하나, 시도한 것 하나. 꾸준히 한 것 하나는?

내 에너지를 한 곳에 쏟는다면 어디일까요?

정직은 가장 비싼 선물입니다.
그것을 싼 사람에게 기대하지 마세요.

워런 버핏
Warren Buffett

Date.

지금, 나에게 소중한 것은? 사람, 가치, 물건 등 어떤 것이 떠오르나요?

오늘 덜어낸 것 하나, 시도한 것 하나. 꾸준히 한 것 하나는?

내 에너지를 한 곳에 쏟는다면 어디일까요?

스스로에게 진실을 말하는 것이 진실성입니다.
그리고 정직은 다른 사람에게 진실을 말하는
것입니다.

스펜서 존슨
Spencer Johnson

Date.   .   .

지금, 나에게 소중한 것은? 사람, 가치, 물건 등 어떤 것이 떠오르나요?

오늘 덜어낸 것 하나, 시도한 것 하나, 꾸준히 한 것 하나는?

내 에너지를 한 곳에 쏟는다면 어디일까요?

Finding Balance in Life

삶의 중심 잡기.

내 삶을 저울에 올린다면 무게가 실린 쪽에는 무엇이 있나요?

가볍게 들려 올라간 쪽에는 무엇이 있나요?

그 저울을 바라볼 때 어떤 느낌이 드나요?

Time Machine

지금까지 채워온 책의

어느 페이지로 돌아가 볼까요?

1. 어디로 갈까요?

2. 어떤 생각이 드나요?

3. 그 시간에서 새롭게 해보고 싶은 일이 있나요?

네 번째 주말

-

수고 많으셨습니다.

A Weekend of Rest

다섯 번째 주
시 작

Coaching Planner

마인드 세팅 5

_____ Mind Setting

산골에 한 노총각이 있었습니다. 가난은 벗겨지지 않는 그림자였고 세월은 조용히 그를 늙게 했습니다. 하고 싶은 일도, 기댈 사람도 점점 사라지고 있었습니다. 그러던 어느 날 길에서 한 노인을 만났습니다. 노인은 말했습니다. 하늘의 문이 열리는 날 참된 마음을 가진 사람은 옥황상제를 만나 도움을 받을 수 있다고. 그는 단 한 번의 희망을 믿어 보기로 하고 길을 떠났습니다.

그는 길 위에서 세 사람을 만났습니다.
세 번이나 남편을 잃고도 내일을 포기하지 않는 미망인.
금을 만드는 연금술사로 살지만 자신을 믿지 못하는 젊은이.
수천 년을 견뎠지만 아직 용이 되지 못한 이무기.
그들은 자신의 질문도 함께 전해달라고 부탁했습니다.
마침내 옥황상제를 만난 그는 조심스레 물었습니다.
"왜 저는 행복해지고 싶어도 늘 제자리입니까?"

"마음을 내어 누군가를 도울 때라야 그 선이 너를 다시 키운다. 너는 늘 너 자신만을 위해 살았다."

그 순간 그는 깨달았습니다. 복은 줄 때라야 다시 돌아온다는 것을.

돌아오는 길에 그는 세 사람에게 옥황상제의 대답을 전했습니다. 미망인에게는 다시 사랑할 용기를, 젊은이에게는 스스로를 믿는 확신을, 이무기에게는 긴 기다림 끝에 마침내 용이 될 기회를 위한 대답이었습니다.

그 과정에서 그는 여의주와 금덩어리를 얻고 미망인과 결혼해 고향으로 돌아갔습니다. 그리고 누군가를 돕는 마음이 가장 큰 복이라는 것을 실천하며 평생을 살았습니다.

타인을 도우며 더불어 행복해질 수 있다면 어떤 일을 해보고 싶습니까?

5분 멍~~

우리가 사는 목적은 행복이 아니라
유용함입니다.

알버트 아인슈타인

Albert Einstein

Date.   .   .

오늘 인상적인 사람, 말, 행동은 어떤 것들이었나요?

내 몸을 위한 투자는요? (예: 목욕, 산책, 운동 등)

내 마음을 위한 투자로 어떤 일을 했을까요? (예: 5분 명상하기, 나만의 아지트에서 시간 보내기.)

우리는 얻는 것으로 삶을 만들지만
주는 것으로 인생을 만듭니다.

윈스턴 처칠
Winston Churchill

Date.   .   .

오늘 인상적인 사람, 말, 행동은 어떤 것들이었나요?

내 몸을 위한 투자는요? (예: 목욕, 산책, 운동 등)

내 마음을 위한 투자로 어떤 일을 했을까요? (예: 5분 명상하기, 나만의 아지트에서 시간 보내기.)

남을 돕는 마음이
결국 자신을
돕는 길입니다.

In helping others, we find the way to help ourselves.

달라이 라마
Dalai Lama

Date.   .   .

오늘 인상적인 사람, 말, 행동은 어떤 것들이었나요?

내 몸을 위한 투자는요? (예: 목욕, 산책, 운동 등)

내 마음을 위한 투자로 어떤 일을 했을까요? (예: 5분 명상하기, 나만의 아지트에서 시간 보내기.)

누구나 위대해질 수 있습니다.
왜냐하면 누구나 섬길 수 있기 때문입니다.

마틴 루터 킹 주니어
Martin Luther King Jr.

Date.   .   .

오늘 인상적인 사람, 말, 행동은 어떤 것들이었나요?

내 몸을 위한 투자는요? (예: 목욕, 산책, 운동 등)

내 마음을 위한 투자로 어떤 일을 했을까요? (예: 5분 명상하기, 나만의 아지트에서 시간 보내기.)

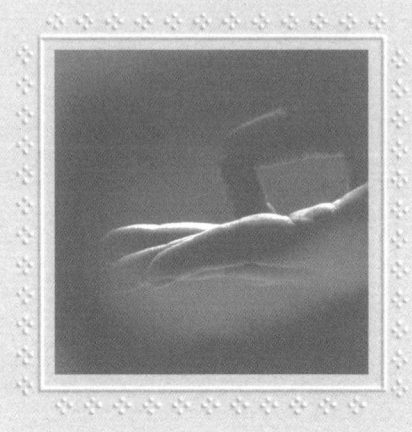

최고의 자신을 찾는 가장 좋은 방법은
남을 섬기는 데 있습니다.

The best way to find yourself is to lose yourself in the service of others.

마하트마 간디

Mahatma Gandhi

Date.   .   .

오늘 인상적인 사람, 말, 행동은 어떤 것들이었나요?

내 몸을 위한 투자는요? (예: 목욕, 산책, 운동 등)

내 마음을 위한 투자로 어떤 일을 했을까요? (예: 5분 명상하기, 나만의 아지트에서 시간 보내기.)

친절은 보답을 바라지 않고도 좋은 일을
하고 싶어지는 내면의 욕망입니다.

달라이 라마
Dalai Lama

Date. . .

오늘 인상적인 사람, 말, 행동은 어떤 것들이었나요?

내 몸을 위한 투자는요? (예: 목욕, 산책, 운동 등)

내 마음을 위한 투자로 어떤 일을 했을까요? (예: 5분 명상하기, 나만의 아지트에서 시간 보내기.)

작은 행동이라도 수백만 사람이 하면
세상을 바꿀 수 있습니다.

하워드 진
Howard Zinn

Date.   .   .

오늘 인상적인 사람, 말, 행동은 어떤 것들이었나요?

내 몸을 위한 투자는요? (예: 목욕, 산책, 운동 등)

내 마음을 위한 투자로 어떤 일을 했을까요? (예: 5분 명상하기, 나만의 아지트에서 시간 보내기.)

리셋 버튼

다시, 가벼운 마음으로!

Press the Reset Button!

60일 여정의 다섯 번째 주말에 오신 것을 환영합니다.
여기까지 꾸준히 걸어온 자신에게 박수를 보내주세요.

혹시 바쁜 일상 속에서 나를 돌아보지 못한 날이 있었나요?
아쉬움이나 작은 죄책감이 스칠 수도 있습니다.
하지만 괜찮습니다. 그 모든 감정은 자연스럽습니다.

지금 눈앞에 커다란 리셋 버튼이 있습니다. 나를 무겁게 했던 부담감, 채우지 못한 날에 대한 실망, 미처 돌보지 못한 마음. 전부 이 버튼 위에 올려봅니다. 숨을 깊게 들이쉬고 천천히 내쉬면서 천천히 버튼을 누릅니다.

하나

둘

셋

_ 클릭 _

이제 다시 가벼운 마음으로 나의 여정을 이어갑니다.
나는 이미 충분히 잘하고 있습니다. 그리고 앞으로도 계속 성장할 것입니다.
스스로를 응원해 주세요.

다섯 번째 주말

-

스스로를 돌본 하루들

그 자체가 큰 용기였습니다.

A Weekend of Rest

Coaching Planner

마인드 세팅 6 _____ Mind Setting

큰 성공을 거둔 한 남자가 있었습니다. 미국을 대표하는 기업을 세웠고 시애틀을 통째로 살 수 있을 만큼 부자가 되었지만 마지막 순간 그는 말했습니다.

"내가 다 망쳤어"

병상에서 지난 삶을 돌아보니 가족에 대해 아는 것이 거의 없었습니다. 주들의 이름도 절반밖에 기억하지 못했습니다. 함께한 따뜻한 시간도 마음에 남을 추억도 없었습니다. 마음을 기댈 친구도 없었습니다. 전화할 누군가도 직원이나 사업 파트너밖에 떠오르지 않았습니다. 그제야 그는 깨달았습니다.
성공이라고 믿었던 인생이 사실은 실패였다는 것을요. 그 남자는 월마트를 만든 샘 월튼이었습니다.

세상의 모든 부를 얻고도 정작 가장 소중한 것을 놓친 채 떠난 것입니다. 우리는 모두 인생이라는 빈 상자에 무엇을 담으며 살아갈지 선택합니다. 그 상자를 열어볼 때 그 안에 무엇이 있는지가 삶의 의미를 말해줍니다. 스티븐 코비 박사는 말했습니다.

"일정표의 우선순위가 아니라, 인생의 우선순위를 정하는 것이 중요하다."

나의 인생에서 가장 소중한 것은 무엇입니까?

그것을 소중하다고 생각하는 이유는 무엇입니까?

나를 설레게 하는 것은?

내 마음 설렘 성분표:

_____

_____

_____

_____

꿈은 그 사람의 위대함을 보여주는 지표다.

제이독 라비노비츠
Zadok Rabinowitz

Date.　　．　　．

오늘의 느낌과 감정은?

나를 충전시킨 것은? 나를 방전시킨 것은?

내가 바라는 내일은?

인생의 가장 끈질기고 긴급한 물음은
다음과 같습니다.
내가 누구를 위해 무엇을 하고 있는가.

마틴 루터 킹 주니어
Martin Luther King Jr.

Date.　　　.　　.

오늘의 느낌과 감정은?

나를 충전시킨 것은? 나를 방전시킨 것은?

내가 바라는 내일은?

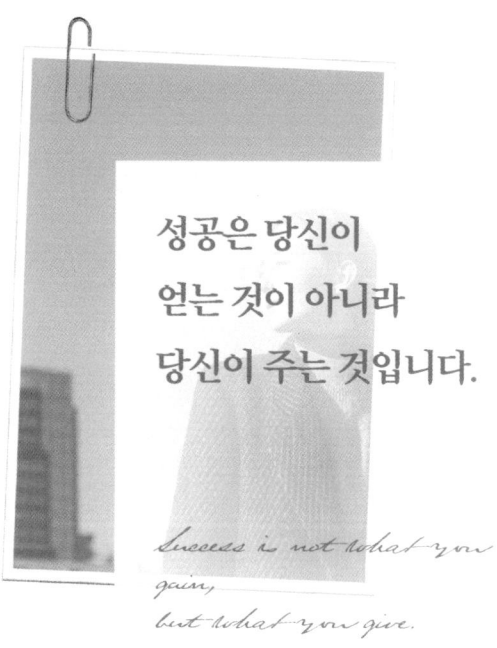

성공은 당신이
얻는 것이 아니라
당신이 주는 것입니다.

Success is not what you gain, but what you give.

대니 토마스

Danny Thomas

Date.　.　.

오늘의 느낌과 감정은?

나를 충전시킨 것은? 나를 방전시킨 것은?

내가 바라는 내일은?

생각을 집중해야 바라던 결과를 얻을 수 있다.

지그 지글러
Zig Ziglar

Date. . .

오늘의 느낌과 감정은?

나를 충전시킨 것은? 나를 방전시킨 것은?

내가 바라는 내일은?

다른 사람을 돕지 않고
진정 살아본 적은 없습니다.

No one has ever truly lived without helping others.

알베르트 슈바이처
Albert Schweitzer

Date.   .   .

오늘의 느낌과 감정은?

나를 충전시킨 것은? 나를 방전시킨 것은?

내가 바라는 내일은?

작은 선한 행동도 많은 이가 함께하면 세상을
바꿀 수 있습니다.

하워드 진
Howard Zinn

Date. . .

오늘의 느낌과 감정은?

나를 충전시킨 것은? 나를 방전시킨 것은?

내가 바라는 내일은?

진정한 성공은 누군가를 희생시키는 것이
아니라 함께 일어나는 것입니다.

H. 잭슨 브라운 주니어

H. Jackson Brown Jr.

Date.   .   .

오늘의 느낌과 감정은?

나를 충전시킨 것은? 나를 방전시킨 것은?

내가 바라는 내일은?

Do handwriting practice.

새 길을 닦으려면 새 계획을 세워야지요.

나는 어제 일어난 일은 생각 안 합니다.

내일 일어날 일을 자문하지도 않아요.

내게 중요한 것은 오늘 이 순간에 일어나는 일입니다.

-니코스 카잔차키스 『그리스인 조르바』 중에서-

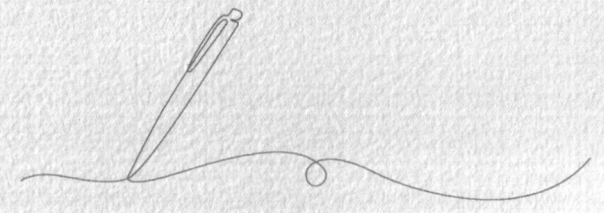

이 글을 필사하며 내 마음속에 어떤 울림이 생겨나는지 느껴보세요.
어제의 아쉬움에 머물지 말고 오지 않은 내일의 염려로
오늘을 흐리지 않기를 바랍니다.
내가 변화를 만들 수 있는 시간은 바로 지금 여기입니다.

여섯 번째 주말

―

작은 실천 하나가
내일의 판을 뒤집습니다.

A Weekend of Rest

Coaching Planner

마인드 세팅 7 _____ Mind Setting

테레사 수녀가 빵집에 들어가 말했습니다.
"아이들이 굶고 있는데… 빵을 조금 기부해 주시겠습니까?"

빵집 주인은 적선은 고사하고
"앗 재수 없어. 당장 나가!"라고 소리를 질렀습니다. 수녀가 또 한 번 사정을 했습니다.

"남는 빵이 있으면 조금만 주시면 안 될까요?"
수녀와 같이 간 봉사자가 울컥하며 물었습니다.

"수녀 님은 굴욕스럽지도 않으세요?"
그러자 수녀는 말했습니다.

"나는 빵을 구하러 왔지, 자존심을 구하러 온 게 아니거든요"

진정한 자존심이란 이런 게 아닐까요?
살다 보면, 일하다 보면, 자존심이 상처 입고 울고 싶을 때가 많습니다. 그럴 땐 이렇게 말해보세요.

"난 돈 벌러 왔지 자존심 벌러 온 게 아니야!"
테레사 수녀의 말을 떠올리며 오늘도 마음의 온도를 지켜봅니다.

마음에 상처가 생기고 자존심이 흔들릴 때가 있습니다.

그럴 때 목적을 향해 마음을 다스리는 나만의 방법이 있다면 무엇입니까?

나를 행동하게 하는
'나' 사용 설명서.

1조

타오르는 열망에 행동 계획까지 갖추면
이루지 못할 것이 없다.

토머스 J. 빌로드
Thomas J. Vilord

Date.   .   .

오늘 나의 뉴스 한 가지는?

오늘 나를 움직이게 한 사람, 그에게 배우고 싶은 행동 하나는?

오늘 내가 세상을 위해 베푼 일 한 가지는 무엇인가요?

99번째 시도하고 실패했으나 100번째에
성공이 찾아왔다.

아인슈타인
Albert Einstein

Date.   .   .

오늘 나의 뉴스 한 가지는?

오늘 나를 움직이게 한 사람, 그에게 배우고 싶은 행동 하나는?

오늘 내가 세상을 위해 베푼 일 한 가지는 무엇인가요?

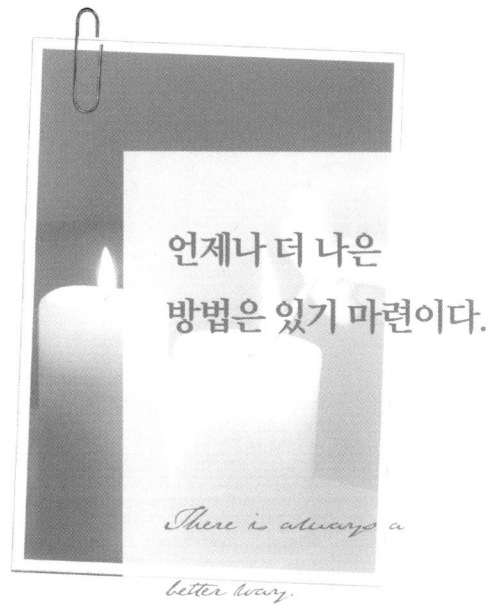

언제나 더 나은
방법은 있기 마련이다.

There is always a better way.

토머스 에디슨

Thomas Alva Edison

Date. . .

오늘 나의 뉴스 한 가지는?

오늘 나를 움직이게 한 사람, 그에게 배우고 싶은 행동 하나는?

오늘 내가 세상을 위해 베푼 일 한 가지는 무엇인가요?

우리의 꿈에는 그 어떤 한계도 없다.

진 시몬즈
Gene Simmons

Date. . .

오늘 나의 뉴스 한 가지는?

오늘 나를 움직이게 한 사람, 그에게 배우고 싶은 행동 하나는?

오늘 내가 세상을 위해 베푼 일 한 가지는 무엇인가요?

살면서 저지를 수 있는 가장 큰 실수는
실수할까 봐 끊임없이 걱정하는 것이다.

The greatest mistake one can make in life is constantly worrying about making a mistake

엘버트 허버드

Elbert Hubbard

Date.　　.　　.

오늘 나의 뉴스 한 가지는?

오늘 나를 움직이게 한 사람, 그에게 배우고 싶은 행동 하나는?

오늘 내가 세상을 위해 베푼 일 한 가지는 무엇인가요?

사람들이 뭐라고 하건 오직 나만이
나의 운명을 결정할 수 있다.

클레어 올리버
Clair Oliver

Date. . .

오늘 나의 뉴스 한 가지는?

오늘 나를 움직이게 한 사람, 그에게 배우고 싶은 행동 하나는?

오늘 내가 세상을 위해 베푼 일 한 가지는 무엇인가요?

모두들 당신이 해낼 수 없다고 여기는 무언가를
해내는 것은 인생의 커다란 기쁨이다.

월터 게이저트
Walter Gagehot

Date.   .   .

오늘 나의 뉴스 한 가지는?

오늘 나를 움직이게 한 사람, 그에게 배우고 싶은 행동 하나는?

오늘 내가 세상을 위해 베푼 일 한 가지는 무엇인가요?

나를 찾아 떠나는 미로: 길을 찾아보세요!

때로는 길을 잃은 듯한 기분이 듭니다.
복잡한 미로 속을 헤매는 것처럼 느껴질 때가 있습니다.
일곱 번째 주말인 오늘,
이 미로 그림을 통해 나의 내면을 탐험해보세요.
-

정답은 하나가 아닐 수 있습니다.
때로는 막다른 길에 부딪힐 수도 있습니다.
하지만 포기하지 않고 천천히 길을 찾아 나아가다 보면
분명 출구를 발견하게 됩니다.
-

이 미로 찾기 활동이 내 안의 길을 발견하고 앞으로 나아갈 용기를
더해주는 시간이 되기를 바랍니다.

일곱 번째 주말

-

자존심보다 중요한 것은
내가 가야 할 길입니다.

A Weekend of Rest

Coaching Planner

마인드 세팅 8

어느 날 한 청년이 필 박사를 찾아왔습니다.
"박사님, 제게 문제가 생겼어요. 너무 힘들어서 감당할 수가 없습니다."

청년의 말을 가만히 듣고 있던 필 박사가 말했습니다.
"내가 문제 없는 사람들이 있는 곳으로 데려다 주겠네."
"정말 그런 곳이 있나요? 그곳에 꼭 저를 데려가 주세요."

박사는 청년을 데리고 공동묘지로 갔습니다.
그리고 수많은 묘비를 가리키며 말했습니다.
"여기 있는 사람들은 아무도 문제를 갖고 있지 않지."

"문제가 있다는 건 우리가 아직 살아 있다는 증거야."
필 박사는 덧붙였습니다.

"많은 사람이 문제없는 삶을 꿈꾸지만 그런 삶은 결국 아무 일도 일어나지 않는 삶이지. 비관주의자는 문제를 한탄하지만, 낙관주의자는 그 안에서 기회를 봐. 문제를 두려워하기보다 그 안에 숨은 기회를 찾아보게."

청년은 그제야 깨달았습니다. 문제가 없는 삶이야말로 진짜 문제라는 것을. 문제가 있어야 우리는 성장할 수 있다는 것을.

문제는 우리의 삶을 움직이는 동력입니다. 문제가 없다면 우리는 머물러 있을 뿐입니다.

삶은 끊임없이 우리에게 묻습니다. 지금도 살아 있느냐고, 여전히 성장하고 있느냐고.

우리는 문제를 해결하며 살아가는 존재가 아닙니다. 문제를 통해 존재가 확장되는 존재입니다. 그러니 문제를 피하지 말고 그 안으로 들어가 보세요. 그곳에서 당신은 반드시 더 단단한 자신을 만나게 될 것입니다.

현재 삶에서 맞닥뜨리는 나의 문제는 무엇입니까?

낙관주의자의 사고방식으로 나의 문제를 기회로 바꿀 수 있는 방법은 무엇입니까?

그 문제를 통해 내가 배우고 있는 것은 무엇입니까?

나의 자화상

직접 그리거나, 나를 표현하는 이미지나 사진을 붙여도 좋습니다.

상처는 내가 살아 있다는 증거다.

헤밍웨이
Hemingway

Date. . .

감사하는 사람, 닮고 싶은 사람과 그 이유는 무엇인가요?

나는 어떤 사람으로 기억되고 싶나요?

나의 인간관계를 위해 덜어낼 것과 노력할 것은 무엇인가요?

넘어지는 건 실패가 아니라,
다시 일어날 기회를 주는 일이다.

넬슨 만델라
Nelson Mandela

감사하는 사람, 닮고 싶은 사람과 그 이유는 무엇인가요?

나는 어떤 사람으로 기억되고 싶나요?

나의 인간관계를 위해 덜어낼 것과 노력할 것은 무엇인가요?

어둠이 없다면
별은 빛날 수 없다.

If there were no
darkness, the stars
could not shine.

찰리 채플린

Charlie Chaplin

Date.　　.　　.

감사하는 사람, 닮고 싶은 사람과 그 이유는 무엇인가요?

나는 어떤 사람으로 기억되고 싶나요?

나의 인간관계를 위해 덜어낼 것과 노력할 것은 무엇인가요?

삶이 나를 흔들 때, 그 흔들림이
나를 단단하게 만든다.

안네 프랑크
Anne Frank

Date.

감사하는 사람, 닮고 싶은 사람과 그 이유는 무엇인가요?

나는 어떤 사람으로 기억되고 싶나요?

나의 인간관계를 위해 덜어낼 것과 노력할 것은 무엇인가요?

문제는 나를 멈추게 하는 것이 아니라
나를 깨우는 것이다.

A problem is not here to stop me,

but to awaken me.

파울로 코엘료
Paulo Coelho

Date.　　.　　.

감사하는 사람, 닮고 싶은 사람과 그 이유는 무엇인가요?

나는 어떤 사람으로 기억되고 싶나요?

나의 인간관계를 위해 덜어낼 것과 노력할 것은 무엇인가요?

위기는 언제나 나를 더 좋은 방향으로
옮겨 놓는다.

스티브 잡스
Steve Jobs

감사하는 사람, 닮고 싶은 사람과 그 이유는 무엇인가요?

나는 어떤 사람으로 기억되고 싶나요?

나의 인간관계를 위해 덜어낼 것과 노력할 것은 무엇인가요?

문제를 두려워하지 마라.
그것은 너를 움직이게 하려는 삶의 신호다.

영화 《어바웃 타임》
About Time

감사하는 사람, 닮고 싶은 사람과 그 이유는 무엇인가요?

나는 어떤 사람으로 기억되고 싶나요?

나의 인간관계를 위해 덜어낼 것과 노력할 것은 무엇인가요?

나의 뇌 구조를 그려 볼까요?

-

요즘 가장 관심 가는 것,

자주 떠오르는 생각,

마음속 이야기.

내면의 소리를 글과 그림으로 표현하면
지금 나의 내면이 훤히 보이죠.

What thoughts fill my life?

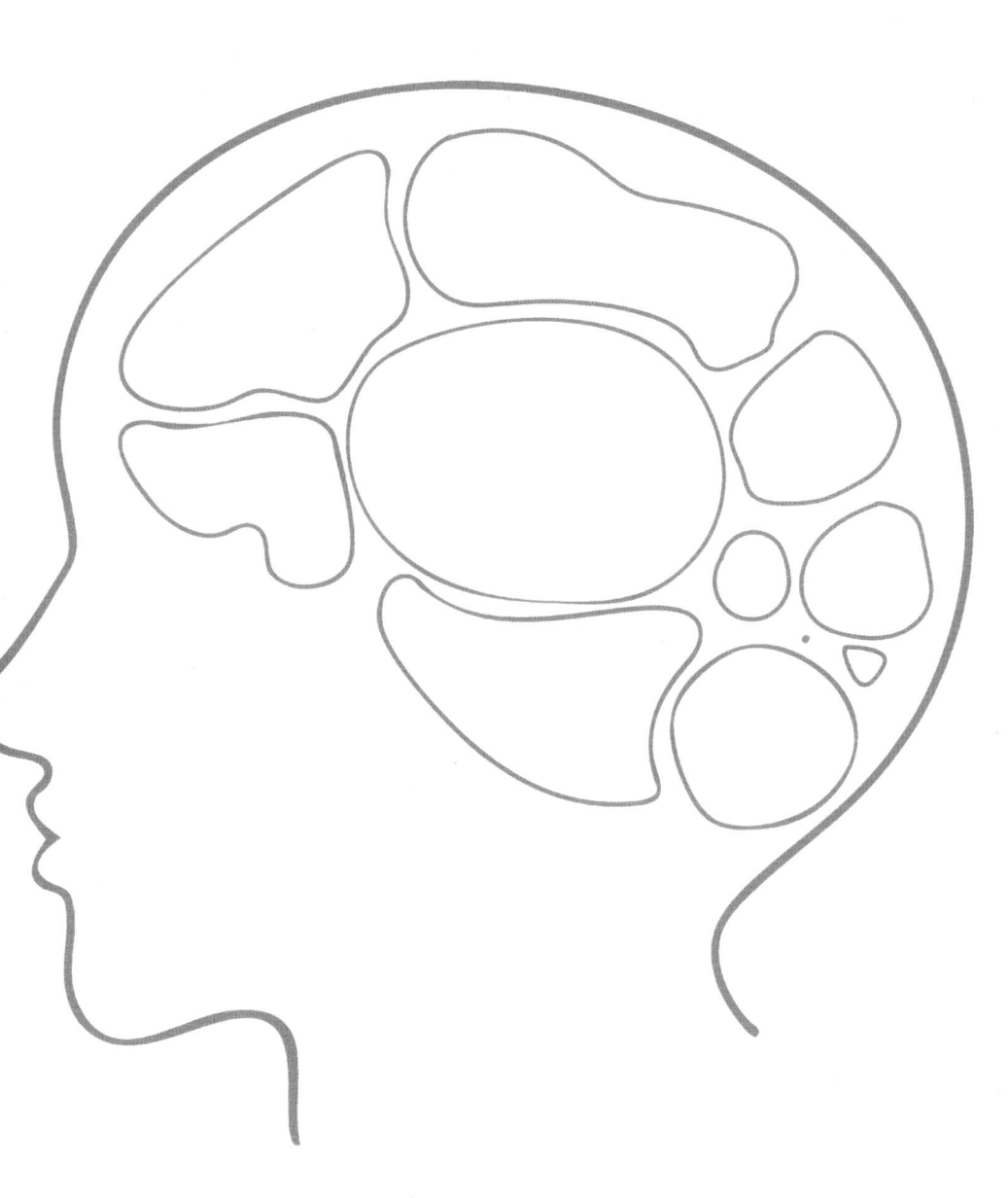

여덟 번째 주말

-

문제는 나를 멈추게 하지 않는다.

나를 더 멀리 가게 한다.

A Weekend of Rest

Coaching Planner

마인드 세팅 9 _____ Mind Setting

한 건축가가 있었습니다.
그는 30년 동안 같은 집만 지었습니다.
벽돌을 쌓고, 철근을 세우고, 창문을 달고, 매일 같은 일을 반복했습니다.
사람들은 그를 지루한 사람이라고 불렀습니다.

그가 세운 집은 모두 견고했습니다.
시간이 흘러도 균열이 없었습니다.
어느 순간부터 그는 건축 장인이라고 불리기 시작했습니다.

어느 날 그의 제자가 물었습니다.
"선생님, 어떻게 평생 같은 일을 하면서도 지치지 않으세요?"
그는 말했습니다.

"나는 집을 짓는 게 아니라, 나를 짓고 있어서 지루하지 않다네."
그의 이름은 세계적인 건축가 안도 다다오입니다.

꾸준함은 단순한 반복이 아닙니다.
그 안에는 진심과 집중, 그리고 자신을 다스리는 힘이 있습니다.
세상은 화려한 시작보다, 끝까지 가는 사람을 기억합니다.

오늘 내가 쌓는 한 장의 벽돌,
그게 내일의 나를 지탱할 기초가 될 것입니다.

나는 지금 어떤 '집'을 짓고 있나요?

반복되는 일상 속에서도 나를 단단히 세워주는 순간은 언제인가요?

오늘의 작은 벽돌 하나가 내일의 나에게 어떤 의미가 될까요?

오늘 나의 테마곡

Song 곡명

생각나는 가사

나는 단 한 번도 완벽한 건축을 완성하지 못했다. 그래서 내 삶은 아직 끝나지 않았다.

안도 다다오
Ando Tadao

Date. . .

오늘, 감사하는 일

오늘 나를 위해 할 일, 또는 한 일

오늘 내가 만든 질문은?

멈추지 않는 한, 얼마나 천천히 가는지는
중요하지 않다.

공자
孔子

Date.   .   .

오늘, 감사하는 일

오늘 나를 위해 할 일, 또는 한 일

오늘 내가 만든 질문은?

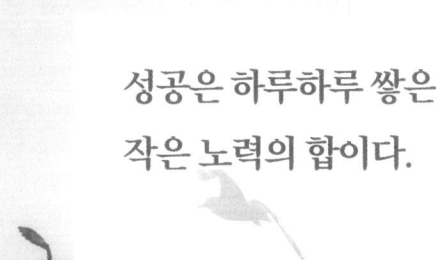

성공은 하루하루 쌓은
작은 노력의 합이다.

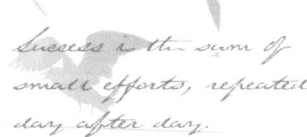

로버트 콜리어

Robert Collier

Date. . .

오늘, 감사하는 일

오늘 나를 위해 할 일, 또는 한 일

오늘 내가 만든 질문은?

노력은 배신하지 않는다. 시간이 지나면 반드시
형태로 드러난다.

미야모토 무사시
Miyamoto Musashi

Date.　.　.

오늘, 감사하는 일

오늘 나를 위해 할 일, 또는 한 일

오늘 내가 만든 질문은?

묵묵히 걸어라.
그 길 끝에서 비로소 자신을 만나게 된다.

Walk on quietly — the path will lead you to yourself.

파울로 코엘료

Paulo Coelho

Date.　　．　　．

오늘, 감사하는 일

오늘 나를 위해 할 일, 또는 한 일

오늘 내가 만든 질문은?

진짜 예술은 완성보다 지속에 있다.

오귀스트 로댕
Auguste Rodin

Date. . .

오늘, 감사하는 일

오늘 나를 위해 할 일, 또는 한 일

오늘 내가 만든 질문은?

위대한 일은 의지가 아니라 습관이 만든다.

아리스토텔레스
Aristotle

Date.   .   .

오늘, 감사하는 일

오늘 나를 위해 할 일, 또는 한 일

오늘 내가 만든 질문은?

A Gift to Myself

나에게 어떤 선물을 주면 좋을까요?

한 주의 끝이자, 또 다른 시작입니다.
멈추지 않고 걸어왔다는 사실만으로 이미 충분합니다.

다음 주의 나에게 바라는 마음,
작은 소망 하나를 적어두세요.
그것이 다시 나를 앞으로 나아가게 할 것입니다.

아홉 번째 주말

-

수고하셨습니다.
멋진 한 주를 완성한 나에게,
응원을 보냅니다.

A Weekend of Rest

Section 3

60일 마무리

COACHING DIARY

60일, 습관으로 완성된 '나' 발견

자기 발견의 길을 거의 완주한 지금, 어떤 마음이 드시나요.
60일. 매일 자신을 마주하고, 내면의 질문에 답하며 일기와 글, 혹은 창작의 형태로 감정을 표현하는 시간들은 때로는 도전이었고 또 때로는 위안이 되었을 것입니다.

이 워크북이 60일로 설계된 이유는 '의식의 작용'에 있습니다. 처음에는 워크북을 펼치는 일 자체에 의식적인 노력이 필요했고 중간중간 멈추고 싶은 순간도 있었을 테죠. 하지만 어느 순간부터 일상에 자연스럽게 스며들었을 것입니다. 이것이 바로 습관 형성의 여정입니다.

습관 형성의 과학

새로운 행동의 시작에는 많은 에너지가 소모됩니다. 반복할수록 더 효율적이 되고 의식적인 노력 없이도 수행할 수 있게 됩니다. 이 과정을 자동성(automaticity)의 형성이라고 부릅니다. 특정한 환경이나 신호가 주어졌을 때 굳이 생각하지 않아도 행동이 저절로 촉발되는 상태로 나아가는 것이죠.

런던대학교의 필리파 랠리(Phillippa Lally) 교수 연구팀은 '점심 식사 후 과일 먹기', '저녁 식사 전 15분 달리기' 등 새로운 습관을 12주 동안 실천하게 하고, 자동성의 변화를 관찰했습니다. 그 결과, 습관 형성이 초기에는 **빠르게** 높아지지만, 점차 완만해지며 일정 수준에 도달하면 더 이상 크게 늘지 않는 '점근선(asymptotic) 곡선'을 따른다는 사실이 밝혀졌습니다. 즉, 어떤 행동이든 반복을 통해 '최대한의 자동성'에 도달하는 시점이 존재한다는 뜻입니다.

그렇다면 습관이 완전히 형성되는 데는 얼마나 걸릴까요?
약 95% 수준에 도달하는 데 개인차가 있지만 평균 약 66일이었습니다.
이 워크북이 60일로 설계된 이유입니다.

물론 개인차에 따라 더 빨리, 더 천천히 도달할 수 있지만 60일은 꾸준한 실천으로 충분한 자동성을 획득할 수 있는 시간입니다. 이 기간 동안 워크북은 '과제'가 아니라, 일상에 스며든 '의식'이 되었을 가능성이 큽니다. 혹시 이렇게 생각하셨나요?
"아이고, 며칠 **빠져서** 60일을 온전히 채우지 못했는데…"

걱정하지 마세요. 랠리 교수의 연구는 한두 번 기회를 놓치는 것이 습관 형성 과정에 실질적인 영향을 주지 않는다고 했습니다. 중요한 것은 완벽함이 아니라 꾸준함입니다. 하루를 놓쳤다면 다음 날 다시 시작하면 됩니다. 그렇게 다시 걸어온 내가 꾸준함과 회복탄력성을 직접 증명한 사람입니다.

이제는 나의 삶 속으로

이 여정은 60일로 끝나는 것이 아니라, 삶 전체의 지속적인 과정입니다. 이 워크북을 통해 얻은 통찰과 형성된 습관들은 앞으로 자신을 이해하고 성장하며 삶의 다양한 순간을 현명하게 헤쳐 나가는 데 든든한 기반이 되어줄 것입니다. 내면에 귀 기울이고 자신을 사랑하며, 삶의 모든 순간에서 진정한 나 자신을 발견해 나가세요.
당신의 성장을 지지합니다.

나만의 해시태그

60일 동안 가장 많이 사용한 단어와 표현을 모아보세요.

♡ 💬 ✈︎   🔖

♥ **362 likes**

your title here   #hashtag

#예시 #불안 #조바심 #걱정 #모르겠다 #강아지 #바쁘다 #맛있다 #돈 #화이팅 #행복

Date.   .   .

이중에서 눈에 띄는 단어나 표현을 골라보세요.

이유는 무엇일까요?

원하는 새로운 해시태그는 ?

동굴화 그리기

60일간 나는 동굴 안에 있었습니다.

그곳은 내가 내면 깊숙이 머물며 자신을 만나고 감정을 느끼고 성장해 온 공간입니다. 이제 동굴 안에서 바라본 바깥의 풍경을 그려보세요.

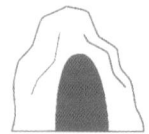

동굴화 보며 스스로에게 물어보기.

이 동굴 안에서 나는 어떤 감정을 가장 많이 느꼈나요 ?

동굴 속에서 나를 지켜준 것, 또는 나를 힘들게 한 것은요?

동굴 안에서 바깥 풍경을 바라보면 어떤 마음이 드나요?

이제 동굴 밖으로

동굴 밖으로 나와, 앞으로 내가 살아가고 싶은 모습을 이미지로 표현해보세요.

동굴화란? 미술치료 기법 중 하나로, 자신의 내면 공간을 시각적으로 표현하는 활동입니다. 동굴은 안전함을 상징하기도 하지만 숨겨진 두려움이나 상처를 나타내기도 합니다. 그림을 통해 자신의 내면 세계를 구체적으로 마주하고 감정을 인식하며 치유와 성장을 돕습니다.

동굴 밖을 나간다면 내 앞에는 어떤 상황이 펼쳐질까요?

그때 나는 어떤 것이 필요할까요?

스스로에게 보내는 응원 구호를 만들어보세요.

어떤 존재가 되고 싶나요?

어떤 사람으로 인정받고 싶나요?

나를 위한 응원의 말을 적어보세요.

나를 위한 다짐의 말을 적어보세요.

Be on my side in life

Section 4

코칭
플래너

Coaching Planner

Coaching Planner

Date.   .   .

지금, 나에게 소중한 것은? 사람, 가치, 물건 등 어떤 것이 떠오르나요?

오늘 덜어낸 것 하나, 시도한 것 하나, 꾸준히 한 것 하나는?

내 에너지를 한곳에 쏟는다면 어디일까요?

지금, 나에게 소중한 것은? 사람, 가치, 물건 등 어떤 것이 떠오르나요?

오늘 덜어낸 것 하나, 시도한 것 하나, 꾸준히 한 것 하나는?

내 에너지를 한곳에 쏟는다면 어디일까요?

Date.   .   .

지금, 나에게 소중한 것은? 사람, 가치, 물건 등 어떤 것이 떠오르나요?

오늘 덜어낸 것 하나, 시도한 것 하나, 꾸준히 한 것 하나는?

내 에너지를 한곳에 쏟는다면 어디일까요?

지금, 나에게 소중한 것은? 사람, 가치, 물건 등 어떤 것이 떠오르나요?

오늘 덜어낸 것 하나, 시도한 것 하나, 꾸준히 한 것 하나는?

내 에너지를 한곳에 쏟는다면 어디일까요?

Date.　　.　　.

지금, 나에게 소중한 것은? 사람, 가치, 물건 등 어떤 것이 떠오르나요?

오늘 덜어낸 것 하나, 시도한 것 하나 꾸준히 한 것 하나는?

내 에너지를 한곳에 쏟는다면 어디일까요?

지금, 나에게 소중한 것은? 사람, 가치, 물건 등 어떤 것이 떠오르나요?

오늘 덜어낸 것 하나, 시도한 것 하나, 꾸준히 한 것 하나는?

내 에너지를 한곳에 쏟는다면 어디일까요?

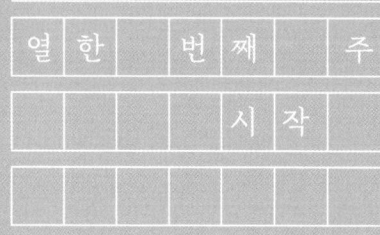

열 한 번째 주 시작

Coaching Planner

Date. . .

지금, 감사하는 것.

오늘 나를 위해 할 일 / 한 일.

잠들기 전에 나에게 해주고 싶은 말?

Date.   .   .

지금, 감사하는 것.

오늘 나를 위해 할 일 / 한 일.

잠들기 전에 나에게 해주고 싶은 말?

Date.   .   .

지금, 감사하는 것.

오늘 나를 위해 할 일 / 한 일.

잠들기 전에 나에게 해주고 싶은 말?

Date.   .   .

지금, 감사하는 것.

오늘 나를 위해 할 일 / 한 일.

잠들기 전에 나에게 해주고 싶은 말?

Date.   .   .

지금, 감사하는 것.

오늘 나를 위해 할 일 / 한 일.

잠들기 전에 나에게 해주고 싶은 말?

Date.　　．　　．

지금, 감사하는 것.

오늘 나를 위해 할 일 / 한 일.

잠들기 전에 나에게 해주고 싶은 말?

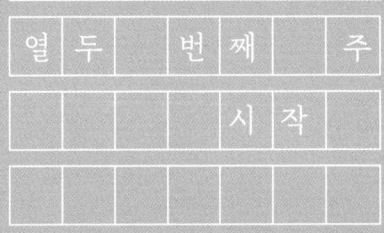

Coaching Planner

Date.　　　．　　．

지금, 감사하는 것.

오늘 나를 위해 할 일 / 한 일.

잠들기 전에 나에게 해주고 싶은 말?

Date.   .   .

지금, 감사하는 것.

오늘 나를 위해 할 일 / 한 일.

잠들기 전에 나에게 해주고 싶은 말?

Date.   .   .

지금, 감사하는 것.

오늘 나를 위해 할 일 / 한 일.

잠들기 전에 나에게 해주고 싶은 말?

Date. . .

지금, 감사하는 것.

오늘 나를 위해 할 일 / 한 일.

잠들기 전에 나에게 해주고 싶은 말?

Date.　　.　　.

지금, 감사하는 것.

오늘 나를 위해 할 일 / 한 일.

잠들기 전에 나에게 해주고 싶은 말?

Date.   .   .

지금, 감사하는 것.

오늘 나를 위해 할 일 / 한 일.

잠들기 전에 나에게 해주고 싶은 말?

Coaching Planner

Date.　　.　　.

지금, 감사하는 것.

오늘 나를 위해 할 일 / 한 일.

잠들기 전에 나에게 해주고 싶은 말?

Date.   .   .

지금, 감사하는 것.

오늘 나를 위해 할 일 / 한 일.

잠들기 전에 나에게 해주고 싶은 말?

Date. . .

지금, 감사하는 것.

오늘 나를 위해 할 일 / 한 일.

잠들기 전에 나에게 해주고 싶은 말?

Date.   .   .

지금, 감사하는 것.

오늘 나를 위해 할 일 / 한 일.

잠들기 전에 나에게 해주고 싶은 말?

Date.   .   .

지금, 감사하는 것.

오늘 나를 위해 할 일 / 한 일.

잠들기 전에 나에게 해주고 싶은 말?

Date. . .

지금, 감사하는 것.

오늘 나를 위해 할 일 / 한 일.

잠들기 전에 나에게 해주고 싶은 말?

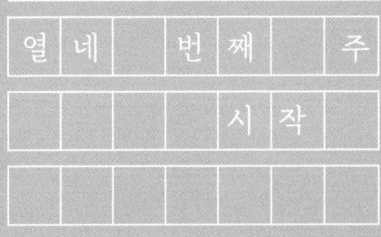

Date.   .   .

지금, 나에게 소중한 것은? 사람, 가치, 물건 등 어떤 것이 떠오르나요?

오늘 덜어낸 것 하나, 시도한 것 하나, 꾸준히 한 것 하나는?

내 에너지를 한곳에 쏟는다면 어디일까요?

Date.   .   .

지금, 나에게 소중한 것은? 사람, 가치, 물건 등 어떤 것이 떠오르나요?

오늘 덜어낸 것 하나, 시도한 것 하나, 꾸준히 한 것 하나는?

내 에너지를 한곳에 쏟는다면 어디일까요?

Date. . .

지금, 나에게 소중한 것은? 사람, 가치, 물건 등 어떤 것이 떠오르나요?

오늘 덜어낸 것 하나, 시도한 것 하나, 꾸준히 한 것 하나는?

내 에너지를 한곳에 쏟는다면 어디일까요?

Date.   .   .

지금, 나에게 소중한 것은? 사람, 가치, 물건 등 어떤 것이 떠오르나요?

오늘 덜어낸 것 하나, 시도한 것 하나, 꾸준히 한 것 하나는?

내 에너지를 한곳에 쏟는다면 어디일까요?

Date.   .   .

지금, 나에게 소중한 것은? 사람, 가치, 물건 등 어떤 것이 떠오르나요?

오늘 덜어낸 것 하나, 시도한 것 하나, 꾸준히 한 것 하나는?

내 에너지를 한곳에 쏟는다면 어디일까요?

Date. . .

지금, 나에게 소중한 것은? 사람, 가치, 물건 등 어떤 것이 떠오르나요?

오늘 덜어낸 것 하나, 시도한 것 하나, 꾸준히 한 것 하나는?

내 에너지를 한곳에 쏟는다면 어디일까요?

Date.   .   .

지금, 나에게 소중한 것은? 사람, 가치, 물건 등 어떤 것이 떠오르나요?

오늘 덜어낸 것 하나, 시도한 것 하나, 꾸준히 한 것 하나는?

내 에너지를 한곳에 쏟는다면 어디일까요?

Date.   .   .

지금, 나에게 소중한 것은? 사람, 가치, 물건 등 어떤 것이 떠오르나요?

오늘 덜어낸 것 하나, 시도한 것 하나, 꾸준히 한 것 하나는?

내 에너지를 한곳에 쏟는다면 어디일까요?

지금, 나에게 소중한 것은? 사람, 가치, 물건 등 어떤 것이 떠오르나요?

오늘 덜어낸 것 하나, 시도한 것 하나, 꾸준히 한 것 하나는?

내 에너지를 한곳에 쏟는다면 어디일까요?

Date. . .

지금, 나에게 소중한 것은? 사람, 가치, 물건 등 어떤 것이 떠오르나요?

오늘 덜어낸 것 하나, 시도한 것 하나, 꾸준히 한 것 하나는?

내 에너지를 한곳에 쏟는다면 어디일까요?

Date.   .   .

지금, 나에게 소중한 것은? 사람, 가치, 물건 등 어떤 것이 떠오르나요?

오늘 덜어낸 것 하나, 시도한 것 하나, 꾸준히 한 것 하나는?

내 에너지를 한곳에 쏟는다면 어디일까요?

Date.   .   .

지금, 나에게 소중한 것은? 사람, 가치, 물건 등 어떤 것이 떠오르나요?

오늘 덜어낸 것 하나, 시도한 것 하나, 꾸준히 한 것 하나는?

내 에너지를 한곳에 쏟는다면 어디일까요?

Date.   .   .

오늘 인상적인 사람, 말, 행동은 어떤 것들이었나요?

내 몸을 위한 투자는요? (예: 목욕, 산책, 운동 등)

내 마음을 위한 투자로 어떤 일을 했을까요? (예: 5분 명상하기, 나만의 아지트에서 시간 보내기)

Date.　　.　　.

오늘 인상적인 사람, 말, 행동은 어떤 것들이었나요?

내 몸을 위한 투자는요? (예: 목욕, 산책, 운동 등)

내 마음을 위한 투자로 어떤 일을 했을까요? (예: 5분 명상하기, 나만의 아지트에서 시간 보내기)

Date. . .

오늘 인상적인 사람, 말, 행동은 어떤 것들이었나요?

내 몸을 위한 투자는요? (예: 목욕, 산책, 운동 등)

내 마음을 위한 투자로 어떤 일을 했을까요? (예: 5분 명상하기, 나만의 아지트에서 시간 보내기)

Date. . .

오늘 인상적인 사람, 말, 행동은 어떤 것들이었나요?

내 몸을 위한 투자는요? (예: 목욕, 산책, 운동 등)

내 마음을 위한 투자로 어떤 일을 했을까요? (예: 5분 명상하기, 나만의 아지트에서 시간 보내기)

Date. . .

오늘 인상적인 사람, 말, 행동은 어떤 것들이었나요?

내 몸을 위한 투자는요? (예: 목욕, 산책, 운동 등)

내 마음을 위한 투자로 어떤 일을 했을까요? (예: 5분 명상하기, 나만의 아지트에서 시간 보내기)

Date. . .

오늘 인상적인 사람, 말, 행동은 어떤 것들이었나요?

내 몸을 위한 투자는요? (예: 목욕, 산책, 운동 등)

내 마음을 위한 투자로 어떤 일을 했을까요? (예: 5분 명상하기, 나만의 아지트에서 시간 보내기)

Date. . .

오늘의 느낌과 감정은?

나를 충전시킨 것은? 나를 방전시킨 것은?

내가 바라는 내일은?

Date.   .   .

오늘의 느낌과 감정은?

나를 충전시킨 것은? 나를 방전시킨 것은?

내가 바라는 내일은?

Date. . .

오늘의 느낌과 감정은?

나를 충전시킨 것은? 나를 방전시킨 것은?

내가 바라는 내일은?

Date.   .   .

오늘의 느낌과 감정은?

나를 충전시킨 것은? 나를 방전시킨 것은?

내가 바라는 내일은?

Date.   .   .

오늘의 느낌과 감정은?

나를 충전시킨 것은? 나를 방전시킨 것은?

내가 바라는 내일은?

Date.   .   .

오늘의 느낌과 감정은?

나를 충전시킨 것은? 나를 방전시킨 것은?

내가 바라는 내일은?

열여덟 번째 주 시작

Date.   .   .

오늘 나의 뉴스 한 가지는?

오늘 나를 움직이게 한 사람, 그에게 배우고 싶은 행동 하나는?

오늘 내가 세상을 위해 베푼 일 한 가지는 무엇인가요?

Date.   .   .

오늘 나의 뉴스 한 가지는?

오늘 나를 움직이게 한 사람, 그에게 배우고 싶은 행동 하나는?

오늘 내가 세상을 위해 베푼 일 한 가지는 무엇인가요?

Date.   .   .

오늘 나의 뉴스 한 가지는?

오늘 나를 움직이게 한 사람, 그에게 배우고 싶은 행동 하나는?

오늘 내가 세상을 위해 베푼 일 한 가지는 무엇인가요?

Date. . .

오늘 나의 뉴스 한 가지는?

오늘 나를 움직이게 한 사람, 그에게 배우고 싶은 행동 하나는?

오늘 내가 세상을 위해 베푼 일 한 가지는 무엇인가요?

Date.   .   .

오늘 나의 뉴스 한 가지는?

오늘 나를 움직이게 한 사람, 그에게 배우고 싶은 행동 하나는?

오늘 내가 세상을 위해 베푼 일 한 가지는 무엇인가요?

Date. . .

오늘 나의 뉴스 한 가지는?

오늘 나를 움직이게 한 사람, 그에게 배우고 싶은 행동 하나는?

오늘 내가 세상을 위해 베푼 일 한 가지는 무엇인가요?

감사하는 사람, 닮고 싶은 사람과 그 이유는 무엇인가요?

나는 어떤 사람으로 기억되고 싶나요?

나의 인간관계를 위해 덜어낼 것과 노력할 것은 무엇인가요?

Date.   .   .

감사하는 사람, 닮고 싶은 사람과 그 이유는 무엇인가요?

나는 어떤 사람으로 기억되고 싶나요?

나의 인간관계를 위해 덜어낼 것과 노력할 것은 무엇인가요?

감사하는 사람, 닮고 싶은 사람과 그 이유는 무엇인가요?

나는 어떤 사람으로 기억되고 싶나요?

나의 인간관계를 위해 덜어낼 것과 노력할 것은 무엇인가요?

Date.　　　．　　．

감사하는 사람, 닮고 싶은 사람과 그 이유는 무엇인가요?

나는 어떤 사람으로 기억되고 싶나요?

나의 인간관계를 위해 덜어낼 것과 노력할 것은 무엇인가요?

감사하는 사람, 닮고 싶은 사람과 그 이유는 무엇인가요?

나는 어떤 사람으로 기억되고 싶나요?

나의 인간관계를 위해 덜어낼 것과 노력할 것은 무엇인가요?

Date.　　　.　　.

감사하는 사람, 닮고 싶은 사람과 그 이유는 무엇인가요?

나는 어떤 사람으로 기억되고 싶나요?

나의 인간관계를 위해 덜어낼 것과 노력할 것은 무엇인가요?

Date.   .   .

오늘, 감사하는 일

오늘 나를 위해 할 일, 또는 한 일

오늘 내가 만든 질문은?

Date. . .

오늘, 감사하는 일

오늘 나를 위해 할 일, 또는 한 일

오늘 내가 만든 질문은?

Date.   .   .

오늘, 감사하는 일

오늘 나를 위해 할 일, 또는 한 일

오늘 내가 만든 질문은?

Date. . .

오늘, 감사하는 일

오늘 나를 위해 할 일, 또는 한 일

오늘 내가 만든 질문은?

Date.   .   .

오늘, 감사하는 일

오늘 나를 위해 할 일, 또는 한 일

오늘 내가 만든 질문은?

Date. . .

오늘, 감사하는 일

오늘 나를 위해 할 일, 또는 한 일

오늘 내가 만든 질문은?

Date. . .

지금, 감사하는 것.

오늘 나를 위해 할 일 / 한 일.

잠들기 전에 나에게 해주고 싶은 말?

Date. . .

지금, 감사하는 것.

오늘 나를 위해 할 일 / 한 일.

잠들기 전에 나에게 해주고 싶은 말?

Date.　　.　　.

지금, 감사하는 것.

오늘 나를 위해 할 일 / 한 일.

잠들기 전에 나에게 해주고 싶은 말?

Date.   .   .

지금, 감사하는 것.

오늘 나를 위해 할 일 / 한 일.

잠들기 전에 나에게 해주고 싶은 말?

Date.　　　.　　　.

지금, 감사하는 것.

오늘 나를 위해 할 일 / 한 일.

잠들기 전에 나에게 해주고 싶은 말?

Date.   .   .

지금, 감사하는 것.

오늘 나를 위해 할 일 / 한 일.

잠들기 전에 나에게 해주고 싶은 말?

스	물	두	번	째	주
				시	작

Cooking Planner

Date. . .

지금, 감사하는 것.

오늘 나를 위해 할 일 / 한 일.

잠들기 전에 나에게 해주고 싶은 말?

Date. . .

지금, 감사하는 것.

오늘 나를 위해 할 일 / 한 일.

잠들기 전에 나에게 해주고 싶은 말?

Date.   .   .

지금, 감사하는 것.

오늘 나를 위해 할 일 / 한 일.

잠들기 전에 나에게 해주고 싶은 말?

Date. . .

지금, 감사하는 것.

오늘 나를 위해 할 일 / 한 일.

잠들기 전에 나에게 해주고 싶은 말?

Date.   .   .

지금, 감사하는 것.

오늘 나를 위해 할 일 / 한 일.

잠들기 전에 나에게 해주고 싶은 말?

Date.   .   .

지금, 감사하는 것.

오늘 나를 위해 할 일 / 한 일.

잠들기 전에 나에게 해주고 싶은 말?

Date.   .   .

지금, 감사하는 것.

오늘 나를 위해 할 일 / 한 일.

잠들기 전에 나에게 해주고 싶은 말?

Date.   .   .

지금, 감사하는 것.

오늘 나를 위해 할 일 / 한 일.

잠들기 전에 나에게 해주고 싶은 말?

Date.   .   .

지금, 감사하는 것.

오늘 나를 위해 할 일 / 한 일.

잠들기 전에 나에게 해주고 싶은 말?

Date. . .

지금, 감사하는 것.

오늘 나를 위해 할 일 / 한 일.

잠들기 전에 나에게 해주고 싶은 말?

Date.　　.　　.

지금, 감사하는 것.

오늘 나를 위해 할 일 / 한 일.

잠들기 전에 나에게 해주고 싶은 말?

Date.   .   .

지금, 감사하는 것.

오늘 나를 위해 할 일 / 한 일.

잠들기 전에 나에게 해주고 싶은 말?

Date.   .   .

지금, 나에게 소중한 것은? 사람, 가치, 물건 등 어떤 것이 떠오르나요?

오늘 덜어낸 것 하나, 시도한 것 하나, 꾸준히 한 것 하나는?

내 에너지를 한곳에 쏟는다면 어디일까요?

지금, 나에게 소중한 것은? 사람, 가치, 물건 등 어떤 것이 떠오르나요?

오늘 덜어낸 것 하나, 시도한 것 하나, 꾸준히 한 것 하나는?

내 에너지를 한곳에 쏟는다면 어디일까요?

Date.   .   .

지금, 나에게 소중한 것은? 사람, 가치, 물건 등 어떤 것이 떠오르나요?

오늘 덜어낸 것 하나, 시도한 것 하나, 꾸준히 한 것 하나는?

내 에너지를 한곳에 쏟는다면 어디일까요?

Date.　　.　　.

지금, 나에게 소중한 것은? 사람, 가치, 물건 등 어떤 것이 떠오르나요?

오늘 덜어낸 것 하나, 시도한 것 하나, 꾸준히 한 것 하나는?

내 에너지를 한곳에 쏟는다면 어디일까요?

Date.　　.　　.

지금, 나에게 소중한 것은? 사람, 가치, 물건 등 어떤 것이 떠오르나요?

오늘 덜어낸 것 하나, 시도한 것 하나, 꾸준히 한 것 하나는?

내 에너지를 한곳에 쏟는다면 어디일까요?

Date.

지금, 나에게 소중한 것은? 사람, 가치, 물건 등 어떤 것이 떠오르나요?

오늘 덜어낸 것 하나, 시도한 것 하나, 꾸준히 한 것 하나는?

내 에너지를 한곳에 쏟는다면 어디일까요?

지금, 나에게 소중한 것은? 사람, 가치, 물건 등 어떤 것이 떠오르나요?

오늘 덜어낸 것 하나, 시도한 것 하나, 꾸준히 한 것 하나는?

내 에너지를 한곳에 쏟는다면 어디일까요?

Date.

지금, 나에게 소중한 것은? 사람, 가치, 물건 등 어떤 것이 떠오르나요?

오늘 덜어낸 것 하나, 시도한 것 하나, 꾸준히 한 것 하나는?

내 에너지를 한곳에 쏟는다면 어디일까요?

Date.   .   .

지금, 나에게 소중한 것은? 사람, 가치, 물건 등 어떤 것이 떠오르나요?

오늘 덜어낸 것 하나, 시도한 것 하나, 꾸준히 한 것 하나는?

내 에너지를 한곳에 쏟는다면 어디일까요?

Date.   .   .

지금, 나에게 소중한 것은? 사람, 가치, 물건 등 어떤 것이 떠오르나요?

오늘 덜어낸 것 하나, 시도한 것 하나, 꾸준히 한 것 하나는?

내 에너지를 한곳에 쏟는다면 어디일까요?

Date.　　．　　．

지금, 나에게 소중한 것은? 사람, 가치, 물건 등 어떤 것이 떠오르나요?

오늘 덜어낸 것 하나, 시도한 것 하나, 꾸준히 한 것 하나는?

내 에너지를 한곳에 쏟는다면 어디일까요?

Date. . .

지금, 나에게 소중한 것은? 사람, 가치, 물건 등 어떤 것이 떠오르나요?

오늘 덜어낸 것 하나, 시도한 것 하나, 꾸준히 한 것 하나는?

내 에너지를 한곳에 쏟는다면 어디일까요?

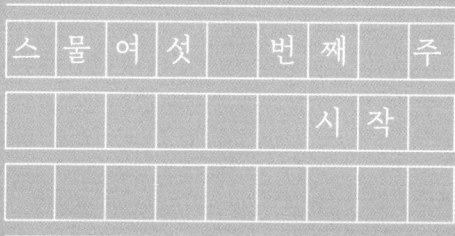

스물여섯 번째 주
시작

Date.   .   .

오늘 인상적인 사람, 말, 행동은 어떤 것들이었나요?

내 몸을 위한 투자는요? (예: 목욕, 산책, 운동 등)

내 마음을 위한 투자로 어떤 일을 했을까요? (예: 5분 명상하기, 나만의 아지트에서 시간 보내기)

Date.   .   .

오늘 인상적인 사람, 말, 행동은 어떤 것들이었나요?

내 몸을 위한 투자는요? (예: 목욕, 산책, 운동 등)

내 마음을 위한 투자로 어떤 일을 했을까요? (예: 5분 명상하기, 나만의 아지트에서 시간 보내기)

Date.   .   .

오늘 인상적인 사람, 말, 행동은 어떤 것들이었나요?

내 몸을 위한 투자는요? (예: 목욕, 산책, 운동 등)

내 마음을 위한 투자로 어떤 일을 했을까요? (예: 5분 명상하기, 나만의 아지트에서 시간 보내기)

Date. . .

오늘 인상적인 사람, 말, 행동은 어떤 것들이었나요?

내 몸을 위한 투자는요? (예: 목욕, 산책, 운동 등.)

내 마음을 위한 투자로 어떤 일을 했을까요? (예: 5분 명상하기, 나만의 아지트에서 시간 보내기)

Date.   .   .

오늘 인상적인 사람, 말, 행동은 어떤 것들이었나요?

내 몸을 위한 투자는요? (예: 목욕, 산책, 운동 등)

내 마음을 위한 투자로 어떤 일을 했을까요? (예: 5분 명상하기, 나만의 아지트에서 시간 보내기)

Date.   .   .

오늘 인상적인 사람, 말, 행동은 어떤 것들이었나요?

내 몸을 위한 투자는요? (예: 목욕, 산책, 운동 등)

내 마음을 위한 투자로 어떤 일을 했을까요? (예: 5분 명상하기, 나만의 아지트에서 시간 보내기)

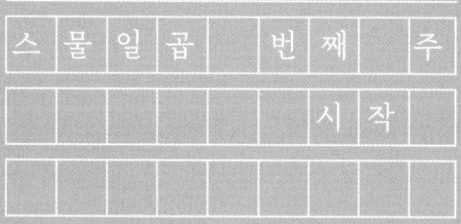

Date.　　　　.　　　　.

오늘의 느낌과 감정은?

나를 충전시킨 것은? 나를 방전시킨 것은?

내가 바라는 내일은?

Date.   .   .

오늘의 느낌과 감정은?

나를 충전시킨 것은? 나를 방전시킨 것은?

내가 바라는 내일은?

Date. . .

오늘의 느낌과 감정은?

나를 충전시킨 것은? 나를 방전시킨 것은?

내가 바라는 내일은?

Date. . .

오늘의 느낌과 감정은?

나를 충전시킨 것은? 나를 방전시킨 것은?

내가 바라는 내일은?

Date. . .

오늘의 느낌과 감정은?

나를 충전시킨 것은? 나를 방전시킨 것은?

내가 바라는 내일은?

Date. . .

오늘의 느낌과 감정은?

나를 충전시킨 것은? 나를 방전시킨 것은?

내가 바라는 내일은?

스	물	여	덟		번	째		주
					시	작		

Date.   .   .

오늘 나의 뉴스 한 가지는?

오늘 나를 움직이게 한 사람, 그에게 배우고 싶은 행동 하나는?

오늘 내가 세상을 위해 베푼 일 한 가지는 무엇인가요?

Date.　　.　　.

오늘 나의 뉴스 한 가지는?

오늘 나를 움직이게 한 사람, 그에게 배우고 싶은 행동 하나는?

오늘 내가 세상을 위해 베푼 일 한 가지는 무엇인가요?

Date. . .

오늘 나의 뉴스 한 가지는?

오늘 나를 움직이게 한 사람, 그에게 배우고 싶은 행동 하나는?

오늘 내가 세상을 위해 베푼 일 한 가지는 무엇인가요?

Date.   .   .

오늘 나의 뉴스 한 가지는?

오늘 나를 움직이게 한 사람, 그에게 배우고 싶은 행동 하나는?

오늘 내가 세상을 위해 베푼 일 한 가지는 무엇인가요?

Date.	.	.

오늘 나의 뉴스 한 가지는?

오늘 나를 움직이게 한 사람, 그에게 배우고 싶은 행동 하나는?

오늘 내가 세상을 위해 베푼 일 한 가지는 무엇인가요?

Date. . .

오늘 나의 뉴스 한 가지는?

오늘 나를 움직이게 한 사람, 그에게 배우고 싶은 행동 하나는?

오늘 내가 세상을 위해 베푼 일 한 가지는 무엇인가요?

스물아홉 번째 주

　　　　　시작

Date.　　.　　.

감사하는 사람, 닮고 싶은 사람과 그 이유는 무엇인가요?

나는 어떤 사람으로 기억되고 싶나요?

나의 인간관계를 위해 덜어낼 것과 노력할 것은 무엇인가요?

Date.   .   .

감사하는 사람, 닮고 싶은 사람과 그 이유는 무엇인가요?

나는 어떤 사람으로 기억되고 싶나요?

나의 인간관계를 위해 덜어낼 것과 노력할 것은 무엇인가요?

감사하는 사람, 닮고 싶은 사람과 그 이유는 무엇인가요?

나는 어떤 사람으로 기억되고 싶나요?

나의 인간관계를 위해 덜어낼 것과 노력할 것은 무엇인가요?

Date.　　.　　.

감사하는 사람, 닮고 싶은 사람과 그 이유는 무엇인가요?

나는 어떤 사람으로 기억되고 싶나요?

나의 인간관계를 위해 덜어낼 것과 노력할 것은 무엇인가요?

감사하는 사람, 닮고 싶은 사람과 그 이유는 무엇인가요?

나는 어떤 사람으로 기억되고 싶나요?

나의 인간관계를 위해 덜어낼 것과 노력할 것은 무엇인가요?

Date.   .   .

감사하는 사람, 닮고 싶은 사람과 그 이유는 무엇인가요?

나는 어떤 사람으로 기억되고 싶나요?

나의 인간관계를 위해 덜어낼 것과 노력할 것은 무엇인가요?

서	른		번	째		주		
						시	작	

Date.   .   .

오늘, 감사하는 일

오늘 나를 위해 할 일, 또는 한 일

오늘 내가 만든 질문은?

Date. . .

오늘, 감사하는 일

오늘 나를 위해 할 일, 또는 한 일

오늘 내가 만든 질문은?

Date. . .

오늘, 감사하는 일

오늘 나를 위해 할 일, 또는 한 일

오늘 내가 만든 질문은?

Date. . .

오늘, 감사하는 일

오늘 나를 위해 할 일, 또는 한 일

오늘 내가 만든 질문은?

Date.　　　　.　　　.

오늘, 감사하는 일

오늘 나를 위해 할 일, 또는 한 일

오늘 내가 만든 질문은?

Date.　　．　　．

오늘, 감사하는 일

오늘 나를 위해 할 일, 또는 한 일

오늘 내가 만든 질문은?

서른한 번째 주 시작

Date. . .

지금, 감사하는 것.

오늘 나를 위해 할 일 / 한 일.

잠들기 전에 나에게 해주고 싶은 말?

Date.   .   .

지금, 감사하는 것.

오늘 나를 위해 할 일 / 한 일.

잠들기 전에 나에게 해주고 싶은 말?

Date. . .

지금, 감사하는 것.

오늘 나를 위해 할 일 / 한 일.

잠들기 전에 나에게 해주고 싶은 말?

Date.　　　．　　　．

지금, 감사하는 것.

오늘 나를 위해 할 일 / 한 일.

잠들기 전에 나에게 해주고 싶은 말?

Date. . .

지금, 감사하는 것.

오늘 나를 위해 할 일 / 한 일.

잠들기 전에 나에게 해주고 싶은 말?

Date.　　.　　.

지금, 감사하는 것.

오늘 나를 위해 할 일 / 한 일.

잠들기 전에 나에게 해주고 싶은 말?

서	른	두	번	째	주	
				시	작	

Cook Song Planner

Date.   .   .

지금, 감사하는 것.

오늘 나를 위해 할 일 / 한 일.

잠들기 전에 나에게 해주고 싶은 말?

Date. . .

지금, 감사하는 것.

오늘 나를 위해 할 일 / 한 일.

잠들기 전에 나에게 해주고 싶은 말?

Date.   .   .

지금, 감사하는 것.

오늘 나를 위해 할 일 / 한 일.

잠들기 전에 나에게 해주고 싶은 말?

Date. . .

지금, 감사하는 것.

오늘 나를 위해 할 일 / 한 일.

잠들기 전에 나에게 해주고 싶은 말?

Date.   .   .

지금, 감사하는 것.

오늘 나를 위해 할 일 / 한 일.

잠들기 전에 나에게 해주고 싶은 말?

Date. . .

지금, 감사하는 것.

오늘 나를 위해 할 일 / 한 일.

잠들기 전에 나에게 해주고 싶은 말?

Date.   .   .

지금, 감사하는 것.

오늘 나를 위해 할 일 / 한 일.

잠들기 전에 나에게 해주고 싶은 말?

Date. . .

지금, 감사하는 것.

오늘 나를 위해 할 일 / 한 일.

잠들기 전에 나에게 해주고 싶은 말?

Date.   .   .

지금, 감사하는 것.

오늘 나를 위해 할 일 / 한 일.

잠들기 전에 나에게 해주고 싶은 말?

Date.   .   .

지금, 감사하는 것.

오늘 나를 위해 할 일 / 한 일.

잠들기 전에 나에게 해주고 싶은 말?

Date.   .   .

지금, 감사하는 것.

오늘 나를 위해 할 일 / 한 일.

잠들기 전에 나에게 해주고 싶은 말?

Date.   .   .

지금, 감사하는 것.

오늘 나를 위해 할 일 / 한 일.

잠들기 전에 나에게 해주고 싶은 말?

Date.   .   .

지금, 나에게 소중한 것은? 사람, 가치, 물건 등 어떤 것이 떠오르나요?

오늘 덜어낸 것 하나, 시도한 것 하나, 꾸준히 한 것 하나는?

내 에너지를 한곳에 쏟는다면 어디일까요?

Date.   .   .

지금, 나에게 소중한 것은? 사람, 가치, 물건 등 어떤 것이 떠오르나요?

오늘 덜어낸 것 하나, 시도한 것 하나, 꾸준히 한 것 하나는?

내 에너지를 한곳에 쏟는다면 어디일까요?

Date. . .

지금, 나에게 소중한 것은? 사람, 가치, 물건 등 어떤 것이 떠오르나요?

오늘 덜어낸 것 하나, 시도한 것 하나, 꾸준히 한 것 하나는?

내 에너지를 한곳에 쏟는다면 어디일까요?

지금, 나에게 소중한 것은? 사람, 가치, 물건 등 어떤 것이 떠오르나요?

오늘 덜어낸 것 하나, 시도한 것 하나, 꾸준히 한 것 하나는?

내 에너지를 한곳에 쏟는다면 어디일까요?

Date.   .   .

지금, 나에게 소중한 것은? 사람, 가치, 물건 등 어떤 것이 떠오르나요?

오늘 덜어낸 것 하나, 시도한 것 하나, 꾸준히 한 것 하나는?

내 에너지를 한곳에 쏟는다면 어디일까요?

지금, 나에게 소중한 것은? 사람, 가치, 물건 등 어떤 것이 떠오르나요?

오늘 덜어낸 것 하나, 시도한 것 하나, 꾸준히 한 것 하나는?

내 에너지를 한곳에 쏟는다면 어디일까요?

지금, 나에게 소중한 것은? 사람, 가치, 물건 등 어떤 것이 떠오르나요?

오늘 덜어낸 것 하나, 시도한 것 하나, 꾸준히 한 것 하나는?

내 에너지를 한곳에 쏟는다면 어디일까요?

Date.　　.　　.

지금, 나에게 소중한 것은? 사람, 가치, 물건 등 어떤 것이 떠오르나요?

오늘 덜어낸 것 하나, 시도한 것 하나, 꾸준히 한 것 하나는?

내 에너지를 한곳에 쏟는다면 어디일까요?

Date.

지금, 나에게 소중한 것은? 사람, 가치, 물건 등 어떤 것이 떠오르나요?

오늘 덜어낸 것 하나, 시도한 것 하나, 꾸준히 한 것 하나는?

내 에너지를 한곳에 쏟는다면 어디일까요?

Date.   .   .

지금, 나에게 소중한 것은? 사람, 가치, 물건 등 어떤 것이 떠오르나요?

오늘 덜어낸 것 하나, 시도한 것 하나, 꾸준히 한 것 하나는?

내 에너지를 한곳에 쏟는다면 어디일까요?

지금, 나에게 소중한 것은? 사람, 가치, 물건 등 어떤 것이 떠오르나요?

오늘 덜어낸 것 하나, 시도한 것 하나, 꾸준히 한 것 하나는?

내 에너지를 한곳에 쏟는다면 어디일까요?

Date.   .   .

지금, 나에게 소중한 것은? 사람, 가치, 물건 등 어떤 것이 떠오르나요?

오늘 덜어낸 것 하나, 시도한 것 하나, 꾸준히 한 것 하나는?

내 에너지를 한곳에 쏟는다면 어디일까요?

Date.   .   .

오늘 인상적인 사람, 말, 행동은 어떤 것들이었나요?

내 몸을 위한 투자는요? (예: 목욕, 산책, 운동 등)

내 마음을 위한 투자로 어떤 일을 했을까요? (예: 5분 명상하기, 나만의 아지트에서 시간 보내기)

Date.

오늘 인상적인 사람, 말, 행동은 어떤 것들이었나요?

내 몸을 위한 투자는요? (예: 목욕, 산책, 운동 등)

내 마음을 위한 투자로 어떤 일을 했을까요? (예: 5분 명상하기, 나만의 아지트에서 시간 보내기)

Date.   .   .

오늘 인상적인 사람, 말, 행동은 어떤 것들이었나요?

내 몸을 위한 투자는요? (예: 목욕, 산책, 운동 등)

내 마음을 위한 투자로 어떤 일을 했을까요? (예: 5분 명상하기, 나만의 아지트에서 시간 보내기)

Date.   .   .

오늘 인상적인 사람, 말, 행동은 어떤 것들이었나요?

내 몸을 위한 투자는요? (예: 목욕, 산책, 운동 등)

내 마음을 위한 투자로 어떤 일을 했을까요? (예: 5분 명상하기, 나만의 아지트에서 시간 보내기)

Date.   .   .

오늘 인상적인 사람, 말, 행동은 어떤 것들이었나요?

내 몸을 위한 투자는요? (예: 목욕, 산책, 운동 등)

내 마음을 위한 투자로 어떤 일을 했을까요? (예: 5분 명상하기, 나만의 아지트에서 시간 보내기)

Date. . .

오늘 인상적인 사람, 말, 행동은 어떤 것들이었나요?

내 몸을 위한 투자는요? (예: 목욕, 산책, 운동 등)

내 마음을 위한 투자로 어떤 일을 했을까요? (예: 5분 명상하기, 나만의 아지트에서 시간 보내기)

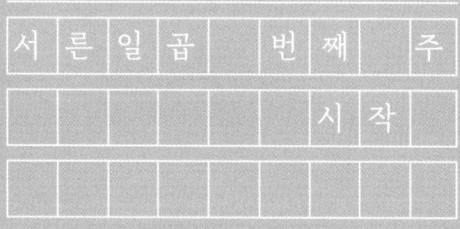

Date. . .

오늘의 느낌과 감정은?

나를 충전시킨 것은? 나를 방전시킨 것은?

내가 바라는 내일은?

Date.   .   .

오늘의 느낌과 감정은?

나를 충전시킨 것은? 나를 방전시킨 것은?

내가 바라는 내일은?

Date.   .   .

오늘의 느낌과 감정은?

나를 충전시킨 것은? 나를 방전시킨 것은?

내가 바라는 내일은?

Date.   .   .

오늘의 느낌과 감정은?

나를 충전시킨 것은? 나를 방전시킨 것은?

내가 바라는 내일은?

Date.   .   .

오늘의 느낌과 감정은?

나를 충전시킨 것은? 나를 방전시킨 것은?

내가 바라는 내일은?

Date.   .   .

오늘의 느낌과 감정은?

나를 충전시킨 것은? 나를 방전시킨 것은?

내가 바라는 내일은?

Date.   .   .

오늘 나의 뉴스 한 가지는?

오늘 나를 움직이게 한 사람, 그에게 배우고 싶은 행동 하나는?

오늘 내가 세상을 위해 베푼 일 한 가지는 무엇인가요?

오늘 나의 뉴스 한 가지는?

오늘 나를 움직이게 한 사람, 그에게 배우고 싶은 행동 하나는?

오늘 내가 세상을 위해 베푼 일 한 가지는 무엇인가요?

Date. . .

오늘 나의 뉴스 한 가지는?

오늘 나를 움직이게 한 사람, 그에게 배우고 싶은 행동 하나는?

오늘 내가 세상을 위해 베푼 일 한 가지는 무엇인가요?

Date.

오늘 나의 뉴스 한 가지는?

오늘 나를 움직이게 한 사람, 그에게 배우고 싶은 행동 하나는?

오늘 내가 세상을 위해 베푼 일 한 가지는 무엇인가요?

Date.   .   .

오늘 나의 뉴스 한 가지는?

오늘 나를 움직이게 한 사람, 그에게 배우고 싶은 행동 하나는?

오늘 내가 세상을 위해 베푼 일 한 가지는 무엇인가요?

Date.　.　.

오늘 나의 뉴스 한 가지는?

오늘 나를 움직이게 한 사람, 그에게 배우고 싶은 행동 하나는?

오늘 내가 세상을 위해 베푼 일 한 가지는 무엇인가요?

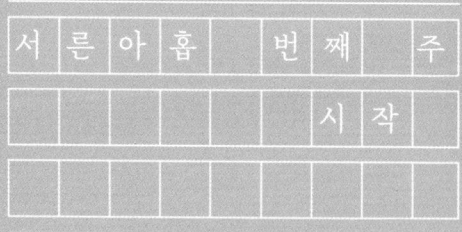

서른아홉 번째 주 시작

감사하는 사람, 닮고 싶은 사람과 그 이유는 무엇인가요?

나는 어떤 사람으로 기억되고 싶나요?

나의 인간관계를 위해 덜어낼 것과 노력할 것은 무엇인가요?

Date. . .

감사하는 사람, 닮고 싶은 사람과 그 이유는 무엇인가요?

나는 어떤 사람으로 기억되고 싶나요?

나의 인간관계를 위해 덜어낼 것과 노력할 것은 무엇인가요?

감사하는 사람, 닮고 싶은 사람과 그 이유는 무엇인가요?

나는 어떤 사람으로 기억되고 싶나요?

나의 인간관계를 위해 덜어낼 것과 노력할 것은 무엇인가요?

Date. . .

감사하는 사람, 닮고 싶은 사람과 그 이유는 무엇인가요?

나는 어떤 사람으로 기억되고 싶나요?

나의 인간관계를 위해 덜어낼 것과 노력할 것은 무엇인가요?

Date.　　．　　．

감사하는 사람, 닮고 싶은 사람과 그 이유는 무엇인가요?

나는 어떤 사람으로 기억되고 싶나요?

나의 인간관계를 위해 덜어낼 것과 노력할 것은 무엇인가요?

Date.   .   .

감사하는 사람, 닮고 싶은 사람과 그 이유는 무엇인가요?

나는 어떤 사람으로 기억되고 싶나요?

나의 인간관계를 위해 덜어낼 것과 노력할 것은 무엇인가요?

Date.   .   .

오늘, 감사하는 일

오늘 나를 위해 할 일, 또는 한 일

오늘 내가 만든 질문은?

Date.   .   .

오늘, 감사하는 일

오늘 나를 위해 할 일, 또는 한 일

오늘 내가 만든 질문은?

Date.   .   .

오늘, 감사하는 일

오늘 나를 위해 할 일, 또는 한 일

오늘 내가 만든 질문은?

Date. . .

오늘, 감사하는 일

오늘 나를 위해 할 일, 또는 한 일

오늘 내가 만든 질문은?

Date.   .   .

오늘, 감사하는 일

오늘 나를 위해 할 일, 또는 한 일

오늘 내가 만든 질문은?

Date. . .

오늘, 감사하는 일

오늘 나를 위해 할 일, 또는 한 일

오늘 내가 만든 질문은?

Date. . .

지금, 감사하는 것.

오늘 나를 위해 할 일 / 한 일.

잠들기 전에 나에게 해주고 싶은 말?

Date. . .

지금, 감사하는 것.

오늘 나를 위해 할 일 / 한 일.

잠들기 전에 나에게 해주고 싶은 말?

Date. . .

지금, 감사하는 것.

오늘 나를 위해 할 일 / 한 일.

잠들기 전에 나에게 해주고 싶은 말?

Date.   .   .

지금, 감사하는 것.

오늘 나를 위해 할 일 / 한 일.

잠들기 전에 나에게 해주고 싶은 말?

Date.　　.　　.

지금, 감사하는 것.

오늘 나를 위해 할 일 / 한 일.

잠들기 전에 나에게 해주고 싶은 말?

Date. . .

지금, 감사하는 것.

오늘 나를 위해 할 일 / 한 일.

잠들기 전에 나에게 해주고 싶은 말?

마	흔	두		번	째		주	
						시	작	

Coaching Planner

Date.   .   .

지금, 감사하는 것.

오늘 나를 위해 할 일 / 한 일.

잠들기 전에 나에게 해주고 싶은 말?

Date.　　　．　．

지금, 감사하는 것.

오늘 나를 위해 할 일 / 한 일.

잠들기 전에 나에게 해주고 싶은 말?

Date.　　　．　　．

지금, 감사하는 것.

오늘 나를 위해 할 일 / 한 일.

잠들기 전에 나에게 해주고 싶은 말?

Date.   .   .

지금, 감사하는 것.

오늘 나를 위해 할 일 / 한 일.

잠들기 전에 나에게 해주고 싶은 말?

Date.   .   .

지금, 감사하는 것.

오늘 나를 위해 할 일 / 한 일.

잠들기 전에 나에게 해주고 싶은 말?

Date.   .   .

지금, 감사하는 것.

오늘 나를 위해 할 일 / 한 일.

잠들기 전에 나에게 해주고 싶은 말?

Date.   .   .

지금, 감사하는 것.

오늘 나를 위해 할 일 / 한 일.

잠들기 전에 나에게 해주고 싶은 말?

Date.   .   .

지금, 감사하는 것.

오늘 나를 위해 할 일 / 한 일.

잠들기 전에 나에게 해주고 싶은 말?

Date. . .

지금, 감사하는 것.

오늘 나를 위해 할 일 / 한 일.

잠들기 전에 나에게 해주고 싶은 말?

Date.   .   .

지금, 감사하는 것.

오늘 나를 위해 할 일 / 한 일.

잠들기 전에 나에게 해주고 싶은 말?

Date.   .   .

지금, 감사하는 것.

오늘 나를 위해 할 일 / 한 일.

잠들기 전에 나에게 해주고 싶은 말?

Date.   .   .

지금, 감사하는 것.

오늘 나를 위해 할 일 / 한 일.

잠들기 전에 나에게 해주고 싶은 말?

Date. . .

지금, 나에게 소중한 것은? 사람, 가치, 물건 등 어떤 것이 떠오르나요?

오늘 덜어낸 것 하나, 시도한 것 하나, 꾸준히 한 것 하나는?

내 에너지를 한곳에 쏟는다면 어디일까요?

Date. . .

지금, 나에게 소중한 것은? 사람, 가치, 물건 등 어떤 것이 떠오르나요?

오늘 덜어낸 것 하나, 시도한 것 하나, 꾸준히 한 것 하나는?

내 에너지를 한곳에 쏟는다면 어디일까요?

Date.   .   .

지금, 나에게 소중한 것은? 사람, 가치, 물건 등 어떤 것이 떠오르나요?

오늘 덜어낸 것 하나, 시도한 것 하나, 꾸준히 한 것 하나는?

내 에너지를 한곳에 쏟는다면 어디일까요?

Date. . .

지금, 나에게 소중한 것은? 사람, 가치, 물건 등 어떤 것이 떠오르나요?

오늘 덜어낸 것 하나, 시도한 것 하나, 꾸준히 한 것 하나는?

내 에너지를 한곳에 쏟는다면 어디일까요?

Date.   .   .

지금, 나에게 소중한 것은? 사람, 가치, 물건 등 어떤 것이 떠오르나요?

오늘 덜어낸 것 하나, 시도한 것 하나, 꾸준히 한 것 하나는?

내 에너지를 한곳에 쏟는다면 어디일까요?

지금, 나에게 소중한 것은? 사람, 가치, 물건 등 어떤 것이 떠오르나요?

오늘 덜어낸 것 하나, 시도한 것 하나, 꾸준히 한 것 하나는?

내 에너지를 한곳에 쏟는다면 어디일까요?

Date.

지금, 나에게 소중한 것은? 사람, 가치, 물건 등 어떤 것이 떠오르나요?

오늘 덜어낸 것 하나, 시도한 것 하나, 꾸준히 한 것 하나는?

내 에너지를 한곳에 쏟는다면 어디일까요?

Date.   .   .

지금, 나에게 소중한 것은? 사람, 가치, 물건 등 어떤 것이 떠오르나요?

오늘 덜어낸 것 하나, 시도한 것 하나, 꾸준히 한 것 하나는?

내 에너지를 한곳에 쏟는다면 어디일까요?

Date. . .

지금, 나에게 소중한 것은? 사람, 가치, 물건 등 어떤 것이 떠오르나요?

오늘 덜어낸 것 하나, 시도한 것 하나, 꾸준히 한 것 하나는?

내 에너지를 한곳에 쏟는다면 어디일까요?

Date. . .

지금, 나에게 소중한 것은? 사람, 가치, 물건 등 어떤 것이 떠오르나요?

오늘 덜어낸 것 하나, 시도한 것 하나, 꾸준히 한 것 하나는?

내 에너지를 한곳에 쏟는다면 어디일까요?

Date. . .

지금, 나에게 소중한 것은? 사람, 가치, 물건 등 어떤 것이 떠오르나요?

오늘 덜어낸 것 하나, 시도한 것 하나, 꾸준히 한 것 하나는?

내 에너지를 한곳에 쏟는다면 어디일까요?

Date.   .   .

지금, 나에게 소중한 것은? 사람, 가치, 물건 등 어떤 것이 떠오르나요?

오늘 덜어낸 것 하나, 시도한 것 하나, 꾸준히 한 것 하나는?

내 에너지를 한곳에 쏟는다면 어디일까요?

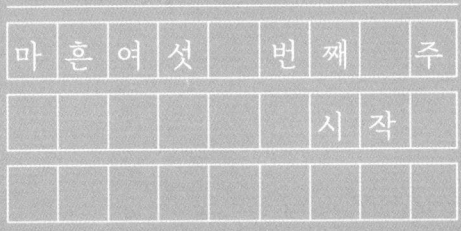

Date.   .   .

오늘 인상적인 사람, 말, 행동은 어떤 것들이었나요?

내 몸을 위한 투자는요? (예: 목욕, 산책, 운동 등)

내 마음을 위한 투자로 어떤 일을 했을까요? (예: 5분 명상하기, 나만의 아지트에서 시간 보내기)

Date.　　　　.　　　.

오늘 인상적인 사람, 말, 행동은 어떤 것들이었나요?

내 몸을 위한 투자는요? (예: 목욕, 산책, 운동 등)

내 마음을 위한 투자로 어떤 일을 했을까요? (예: 5분 명상하기, 나만의 아지트에서 시간 보내기)

Date.　　　.　　.

오늘 인상적인 사람, 말, 행동은 어떤 것들이었나요?

내 몸을 위한 투자는요? (예: 목욕, 산책, 운동 등)

내 마음을 위한 투자로 어떤 일을 했을까요? (예: 5분 명상하기, 나만의 아지트에서 시간 보내기)

Date.   .   .

오늘 인상적인 사람, 말, 행동은 어떤 것들이었나요?

내 몸을 위한 투자는요? (예: 목욕, 산책, 운동 등)

내 마음을 위한 투자로 어떤 일을 했을까요? (예: 5분 명상하기, 나만의 아지트에서 시간 보내기)

Date.   .   .

오늘 인상적인 사람, 말, 행동은 어떤 것들이었나요?

내 몸을 위한 투자는요? (예: 목욕, 산책, 운동 등)

내 마음을 위한 투자로 어떤 일을 했을까요? (예: 5분 명상하기, 나만의 아지트에서 시간 보내기)

Date. . .

오늘 인상적인 사람, 말, 행동은 어떤 것들이었나요?

내 몸을 위한 투자는요? (예: 목욕, 산책, 운동 등)

내 마음을 위한 투자로 어떤 일을 했을까요? (예: 5분 명상하기, 나만의 아지트에서 시간 보내기)

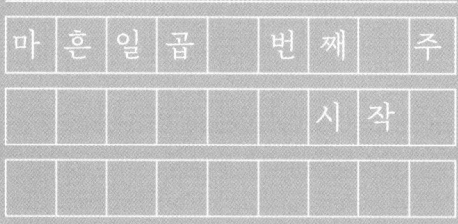

Date. . .

오늘의 느낌과 감정은?

나를 충전시킨 것은? 나를 방전시킨 것은?

내가 바라는 내일은?

Date.   .   .

오늘의 느낌과 감정은?

나를 충전시킨 것은? 나를 방전시킨 것은?

내가 바라는 내일은?

Date. . .

오늘의 느낌과 감정은?

나를 충전시킨 것은? 나를 방전시킨 것은?

내가 바라는 내일은?

Date.   .   .

오늘의 느낌과 감정은?

나를 충전시킨 것은? 나를 방전시킨 것은?

내가 바라는 내일은?

Date. . .

오늘의 느낌과 감정은?

나를 충전시킨 것은? 나를 방전시킨 것은?

내가 바라는 내일은?

Date.   ,   .

오늘의 느낌과 감정은?

나를 충전시킨 것은? 나를 방전시킨 것은?

내가 바라는 내일은?

마 흔 여 덟 번 째 주

시 작

Date.   .   .

오늘 나의 뉴스 한 가지는?

오늘 나를 움직이게 한 사람, 그에게 배우고 싶은 행동 하나는?

오늘 내가 세상을 위해 베푼 일 한 가지는 무엇인가요?

Date.   .   .

오늘 나의 뉴스 한 가지는?

오늘 나를 움직이게 한 사람, 그에게 배우고 싶은 행동 하나는?

오늘 내가 세상을 위해 베푼 일 한 가지는 무엇인가요?

Date.   .   .

오늘 나의 뉴스 한 가지는?

오늘 나를 움직이게 한 사람, 그에게 배우고 싶은 행동 하나는?

오늘 내가 세상을 위해 베푼 일 한 가지는 무엇인가요?

Date.　　．　　．

오늘 나의 뉴스 한 가지는?

오늘 나를 움직이게 한 사람, 그에게 배우고 싶은 행동 하나는?

오늘 내가 세상을 위해 베푼 일 한 가지는 무엇인가요?

Date.   .   .

오늘 나의 뉴스 한 가지는?

오늘 나를 움직이게 한 사람, 그에게 배우고 싶은 행동 하나는?

오늘 내가 세상을 위해 베푼 일 한 가지는 무엇인가요?

Date.   .   .

오늘 나의 뉴스 한 가지는?

오늘 나를 움직이게 한 사람, 그에게 배우고 싶은 행동 하나는?

오늘 내가 세상을 위해 베푼 일 한 가지는 무엇인가요?

마	흔	아	홉		번	째	주
					시	작	

Coaching Planner

감사하는 사람, 닮고 싶은 사람과 그 이유는 무엇인가요?

나는 어떤 사람으로 기억되고 싶나요?

나의 인간관계를 위해 덜어낼 것과 노력할 것은 무엇인가요?

Date.   .   .

감사하는 사람, 닮고 싶은 사람과 그 이유는 무엇인가요?

나는 어떤 사람으로 기억되고 싶나요?

나의 인간관계를 위해 덜어낼 것과 노력할 것은 무엇인가요?

Date.   .   .

감사하는 사람, 닮고 싶은 사람과 그 이유는 무엇인가요?

나는 어떤 사람으로 기억되고 싶나요?

나의 인간관계를 위해 덜어낼 것과 노력할 것은 무엇인가요?

Date. . .

감사하는 사람, 닮고 싶은 사람과 그 이유는 무엇인가요?

나는 어떤 사람으로 기억되고 싶나요?

나의 인간관계를 위해 덜어낼 것과 노력할 것은 무엇인가요?

감사하는 사람, 닮고 싶은 사람과 그 이유는 무엇인가요?

나는 어떤 사람으로 기억되고 싶나요?

나의 인간관계를 위해 덜어낼 것과 노력할 것은 무엇인가요?

Date.   .   .

감사하는 사람, 닮고 싶은 사람과 그 이유는 무엇인가요?

나는 어떤 사람으로 기억되고 싶나요?

나의 인간관계를 위해 덜어낼 것과 노력할 것은 무엇인가요?

쉰 번째 주 시작

Coaching Planner

Date.   .   .

오늘, 감사하는 일

오늘 나를 위해 할 일, 또는 한 일

오늘 내가 만든 질문은?

Date.   .   .

오늘, 감사하는 일

오늘 나를 위해 할 일, 또는 한 일

오늘 내가 만든 질문은?

Date. . .

오늘, 감사하는 일

오늘 나를 위해 할 일, 또는 한 일

오늘 내가 만든 질문은?

Date.　　.　　.

오늘, 감사하는 일

오늘 나를 위해 할 일, 또는 한 일

오늘 내가 만든 질문은?

Date. . .

오늘, 감사하는 일

오늘 나를 위해 할 일, 또는 한 일

오늘 내가 만든 질문은?

Date. . .

오늘, 감사하는 일

오늘 나를 위해 할 일, 또는 한 일

오늘 내가 만든 질문은?

Date.　　.　　.

오늘, 감사하는 일

오늘 나를 위해 할 일, 또는 한 일

오늘 내가 만든 질문은?

Date.　　　.　　　.

오늘, 감사하는 일

오늘 나를 위해 할 일, 또는 한 일

오늘 내가 만든 질문은?

Date. . .

오늘, 감사하는 일

오늘 나를 위해 할 일, 또는 한 일

오늘 내가 만든 질문은?

Date.   .   .

오늘, 감사하는 일

오늘 나를 위해 할 일, 또는 한 일

오늘 내가 만든 질문은?

Date.　　．　　．

오늘, 감사하는 일

오늘 나를 위해 할 일, 또는 한 일

오늘 내가 만든 질문은?

Date.　　　　.　　　.

오늘, 감사하는 일

오늘 나를 위해 할 일, 또는 한 일

오늘 내가 만든 질문은?

쉰 두 번째 주 시작

Date.   .   .

오늘, 감사하는 일

오늘 나를 위해 할 일, 또는 한 일

오늘 내가 만든 질문은?

Date. . .

오늘, 감사하는 일

오늘 나를 위해 할 일, 또는 한 일

오늘 내가 만든 질문은?

Date.   .   .

오늘, 감사하는 일

오늘 나를 위해 할 일, 또는 한 일

오늘 내가 만든 질문은?

Date.   .   .

오늘, 감사하는 일

오늘 나를 위해 할 일, 또는 한 일

오늘 내가 만든 질문은?

Date. . .

오늘, 감사하는 일

오늘 나를 위해 할 일, 또는 한 일

오늘 내가 만든 질문은?

Date.   .   .

오늘, 감사하는 일

오늘 나를 위해 할 일, 또는 한 일

오늘 내가 만든 질문은?

맺는 글

성공적인 코치들의 공통점 중 하나는 매일의 일기 쓰기입니다.
하루를 돌아보고 자신을 깨우치며 다시 계획을 세우는 일. 감사의 마음으로 세상과 사물을 바라보는 그 습관이 삶에 얼마나 큰 변화를 가져오는지 그들은 잘 알고 있습니다.

우리 저자들은 이 책 코칭 플래너를 함께 만들며 그동안 마음속 바람으로만 품었던 일이 눈앞에서 현실이 되는 기적을 경험했습니다. 이 놀라운 가능성을 제안해 주신 서진 대표님, 끝까지 함께해 주신 모든 코치님들께 깊은 감사의 마음을 전합니다.

서로 사는 곳도, 걸어온 길도, 하는 일도 달랐지만 이 프로젝트를 향한 마음은 하나였습니다. 그 중심에는 언제나 고수경 코치님이 계셨습니다. 수많은 아이디어가 오가던 초기, 조용히 보여주신 몇 장의 시안이 우리가 나아가야 할 방향을 명확히 밝혀주었습니다.
그 순간, 길이 열렸고 모든 것은 자연스럽게 흐르기 시작했습니다.

콘텐츠의 설계와 디자인, 다이어리의 흐름을 함께 고민해 주신 신용원 코치님, 오채원 코치님께도 진심으로 감사드립니다. 이 책이 단순히 기록을 위한 도구가 아니라 성장으로 이끄는 의식의 루틴이 되기를 바랍니다. 우리의 하루가 곧 '나'를 세워가는 길임을 집필진 모두는 굳게 믿습니다.

깊이 있는 질문과 다양한 관점으로 실행계획 모듈을 설계해 주신 신영준 코치님,
인정과 공감 모듈을 쓰며 묵묵히 매일의 질문을 완성해 주신 윤이준 코치님,
저자들을 모으고 워크숍 섹션의 틀을 세우며 존재 모듈을 설계해 주신 이상훈 코치님.

이 쉽지 않은 여정을 끝까지 함께해 주신 모든 코치님들의 헌신에 진심으로 감사드립니다.
부족함을 발견할 때마다 겸허해집니다.
재미와 의미, 세련됨과 절제 사이의 균형을 찾아가는 여정은 우리 모두에게 생생한 배움이자 깊은 기쁨이었습니다.

책장 속의 책을 꺼내 다시 읽고, 오래된 음악 리스트를 펼치고, 영화의 한 장면을 떠올려봅니다. 흐릿한 빔프로젝터의 초점이 또렷해지는 순간처럼 이 책을 통해 다시 나를 바라보게 됩니다. 종이 위의 글자들이 누군가의 하루와 마음을 비추는 불빛이 되기를 바랍니다.

이 책과 함께하는 시간 속에서 당신의 생각이 더 깊어지고
때로는 더 단순해지기를 바랍니다.
그리고 그 순간, 당신이 스스로를 만나고 회복하길 바랍니다.

저자들을 대표하여
Coach 유덕종 드림

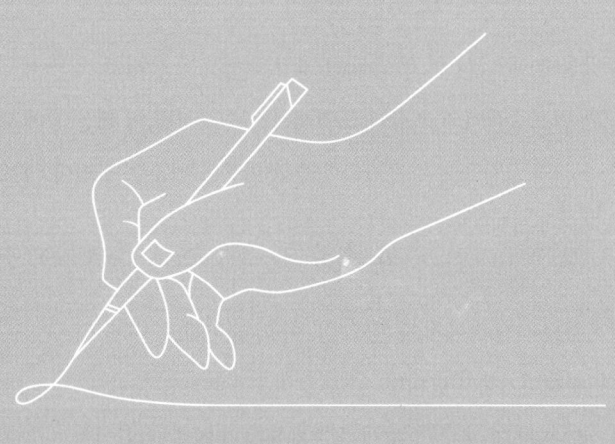

올해의 나는_ 작년의 나랑은 급이 다르다.

이 정도면_ 꽤 잘 살아낸 한 해다. 인정한다.

올해의 나는_ 솔직히 좀 멋졌다.

여기까지 온 나_ 아주 잘했다.

다음 라운드로 가자.

변했다.

좋아졌다.

그러면 됐다.

세상에 단 하나뿐인
코칭 플래너

초판 1쇄 인쇄   2025년 11월 21일
초판 1쇄 발행   2025년 12월 11일

발행	스노우폭스북스
발행인	서진
기획·집필	고수경, 신영준, 신용원, 오채원, 유덕종, 윤이준, 이상훈
기획·편집	서진
편집 지원	박정아
표지·본문	샤인(김완신)
전략 총괄	DK(김정현)
홍보 담당	노바(조아라)
커뮤니티 SNS	썸머(윤서하)
퍼포먼스 바이럴	리사(김민주)
검색	형연(김형연)
제작	해니(박범준)
종이	월드페이퍼
인쇄	남양문화사
주소	경기도 파주시 회동길 527, 스노우폭스북스 사옥 3층
대표번호	031-927-9965
팩스	070-7589-0721
전자우편	edit@sfbooks.co.kr
출판신고	2015년 8월 7일 제406-2015-000159

ISBN 979-11-94966-22-7 13190

- 스노우폭스북스I는 스노우폭스북스의 브랜드입니다.
- 스노우폭스북스는 여러분의 소중한 원고를 언제나 성실히 검토합니다.
- 이 책에 실린 모든 내용은 저작권법에 따라 보호를 받는 저작물이므로 무단 전재와 무단 복제를 금합니다.
- 이 책 내용의 전부 또는 일부를 사용하려면 반드시 출판사의 동의를 받아야 합니다.
- 잘못된 책은 구입처에서 교환해 드립니다.

스노우폭스북스는 "이 책을 읽게 될 단 한 명의 독자를 바라보고 책을 만듭니다."